U0032329

為了生存，
我需要躁鬱症

宅媽花花的阿德勒個體心理學，
重要的不是你擁有什麼，而是你如何運用它

宅媽花花 ⋯⋯⋯⋯ 著

推薦序 | 這是一個活生生的故事

被民法耽誤的插畫家 **林政豪律師**

「阿滾，你可以幫我寫序嗎？」一開始收到花花的邀約，完全就是受寵若驚。在一個流行「名人推薦序」的年代，花花竟然願意找沒沒無名的我來幫他寫序，這不是跟梁靜茹借來的勇氣，就是完全視銷量於度外啊（誤）。

我先自我介紹好了（很怕大家真的以為花花去路邊隨便抓人寫序），我是法律補習班講師兼律師，本身是個肥宅。那時候經由學弟肥貓的介紹，去了「前勁」上體能課，也是在那裡認識了當時在櫃檯的花花。

花花給我的印象，就是寫了很多健身、減肥的相關文章，用語辛辣、完全不怕得罪人的網路明星。那時候看到的，都是她光鮮亮麗的包裝，完全沒有想到，她背後的故事是如此如此的痛苦。

有一天晚上，花花突然私訊問我：「要怎麼跟前夫拿回孩

子的親權？」然後開始跟我説了一些他跟前夫的事情，這時我才知道，原來在網路上堆砌出來的故事都不是真的，隱藏在故事背後的那些眼淚才是真的。

對小孩來説，家庭應該是讓他們安心成長的地方。但其實在臺灣有很多家庭並沒有辦法讓小孩安心成長，而來自家庭的各種壓力，不停扭曲小孩的成長過程。最終小孩長大了，運氣好一點的，在扭曲的過程中也能長得直挺挺的；然而運氣差一點的，不但內心被扭曲得亂七八糟，各種精神疾病也慢慢成為標籤，緊緊的黏在身上，撕都撕不下來。

因為精神疾病而開始幻聽、幻想，最終無法控制自己。「精神疾病犯罪」成為臺灣嗜血媒體最愛的題材之一，觀眾對於那些窮凶惡極的犯罪手法不能諒解，對於往往因被告患有精神疾病「輕判」的司法更是不能原諒。在媒體推波助瀾、名嘴提油救火的情況下，「精神病」這種「疾病」，似乎變成了「原罪」，該死，真該死！

但如果在凶手的成長過程中，能有個長輩或師長，努力的拉他一把，我相信故事的結果就會不一樣。

花花的成長故事，對於在「正常」家庭長大的我來說，是完全無法想像的。而在這種扭曲的環境裡，花花雖然曾經「長歪」，不過她非但沒有走歪，還很努力的把自己掰直（就是讓自己不要長歪，沒有別的意思）。而且除了把自己掰直，也努力不讓自己的生活扭曲，給予她那兩個孩子充滿愛的生活環境。

在社會的角落裡，絕對還有許多跟花花一樣的人，在扭曲的環境裡成長，我們都有機會遇到這樣的人，也許我們有能力去拉他們一把，希望大家都能更好。

最後，謝謝花花給我這個機會寫序。這不是一本用詞華麗或充滿專業知識的書，而是一個活生生的故事，用文字讓讀者走進花花的世界，讓我們用旁觀者的角度，認真看一個被貼滿標籤的精神病患者，是如何努力的想要撕下標籤，努力的生活下去。

推薦序 | **這世界很大，你要很勇敢**

JustWell 脊姿維運動物理治療所運動物理治療師 **蔡維鴻**

宅媽花花、宅花媽媽？很常被叫錯名字的她，不管是哪個名字，八年前那個讓人擔心的小女孩，如今已蛻變成穩重又有內涵的小姐姐了。

這些日子，我一路看著她身心靈上的轉變，從抗拒到接受、否認到接納，這些內心的自我拉扯，身為朋友的我，很難用三言兩語來表達這個過程。有幸的是，花花在書中帶著大家一起經歷她的過程，陪著她一起成長。

每個人的故事都是最好的借鏡，我們可以從花花的經驗，以及面對問題的方式，找到開啟問題這扇門的鑰匙。我們無法改變成長環境，但是我們可以試著創造自己想要的生活。

我們可能遭受著不同的命運，但我們可以試著讓際遇成為生命的養分，就如同本書要傳達給讀者們的訊息：**你怎麼看待自己曾經發生過的事？**

　　在本書中，花花分享了她的生長歷程、婚姻感情和親子教養，種種不同階段的故事，和後來遇見個體心理學後所做的選擇。她不是要教你怎麼做，而是提供你面對事件時，可以擁有怎樣的心態。透過這些文字讓讀者們知道，在這世界上的你不是孤單的，每個人都有自己想要逃避的煩惱，而她用文字陪著大家變得勇敢。

　　生命中的每一個際遇，都是最好的安排。如果你正在讀這本書，我想這將會是最美好的相遇。或許有一天，你慢慢會發現，最感動的不是你完成了挑戰，而是你終於鼓起勇氣做出改變了！

前言｜**透過個體心理學看待每一道難題**

　　在著手撰寫本書之前，其實我早已完成了另一本自傳形式的著作，與出版社總編輯以及其他前輩討論後，認為比起用自傳形式讓大家認識個體心理學，用經驗分享的方式呈現，或許更能夠引起讀者們的共鳴。

　　精神疾病在現今社會算是相當常見的，先不提需要醫療強制介入的重症病患，現代人幾乎每個人多多少少都有憂鬱或者焦慮的困擾。雖然不至於嚴重到影響日常生活，但經常性的情緒低落、沒來由的恐慌緊張，總會讓人不免去想：我是不是有憂鬱症？

　　這兩年來，嚴重特殊傳染性肺炎（COVID-19）在全世界造成了大流行，許多國家為了控制疫情，下令封城、鎖國及自主居家隔離等防疫政策。而這樣限制了個體的行動自由，以及被迫長時間與家人、伴侶相處的情況下，離婚、家暴與罹患憂鬱症的人數也節節上升。

　　憂鬱症已經是不容忽視的疾病，聯合國世界衛生組織

（WHO）也指出，憂鬱症、愛滋病與心血管疾病，將會是 2020 年最需要重視的三大疾病。（來源：*張家銘醫師,林口長庚醫院精神科,社團法人臺灣憂鬱症防治協會*）

即便我們不討論 COVID-19 所造成的影響，在疫情尚未爆發之前，憂鬱症早已經不是罕見疾病，光是在臺灣就有約兩百萬人口有憂鬱的症狀。而憂鬱症帶來的危害，遠大過多數人的認知，我們以為憂鬱症（或類憂鬱症）只是會比較情緒化，實際上，憂鬱症同時也會影響到人口與經濟的成長。

從 2008 年至 2019 年，因自殺而死亡的人口從 4,128 人減少到 3,864 人，但有接獲通報自殺（包含自殺未遂）的人口，卻從 23,031 人增加到 35,324 人。

統計上顯示，人際關係的問題（包含感情）為國人自殺（包含自殺未遂）的主要原因，第二則是精神疾病與藥物濫用。（來源：*衛生福利部統計處*）

人際關係與精神疾病造成的自殺（未遂）人口比例，遠高過其他原因。沒有經歷過重度憂鬱的人可能會以為，只有罹患不治之症或是遇到負債破產這樣的人生難題才會去自殺，聽過嘗試自殺的人說出的原因後，甚至會讓人難以置信，認為這只

是一件小事，有必要到自殺這麼壯烈的舉動嗎？

2018 年 8 月，一名二十歲的役男在收假前與朋友飲酒，酒後向朋友吐露自己不想回營區，不久後就在住處八樓跳樓身亡。新聞斗大的標題盡是強調死者「當兵四個月而已」、「再一個月就退伍」、「不想當兵」等字眼，意圖使觀眾下意識認為死者的抗壓性很差。

而新聞底下的留言更是清楚呈現，整個社會對於有情緒障礙的人是多麼的不友善。大多數的鍵盤評論家只會檢討結果，對於造成的原因為何並不關心，大多數的人只會說：「連死都不怕了還怕當兵？」但是他們不會理解，對於某些情緒障礙的人來說，死亡其實是最輕鬆的一項選擇。

我也是罹患躁鬱症與思覺失調症的病友，憂鬱傾向大概在小學之前就已經出現，而我一直到十八、十九歲時才被確診。如今我已經三十一歲，大約有整整十年的時間，我都深受精神疾病的折磨；或者說，當我被醫師確診罹患精神疾病後，我的病情反而一發不可收拾的惡化。

患病期間，我曾經多次自殺未遂，而就醫治療也一直都是斷斷續續的進行著。我認為自己很努力想去治好這個疾病，

我相信只要我的病好了，我的人生就會跟著變好。

　　我總是帶給他人不舒服的感受，因此無法順利結交到好朋友；我總是感覺力不從心，因此我的工作沒有一項能夠達到主管的要求；我總是那麼的情緒化，因此我的每一任伴侶最終都離我而去。

　　因為我是那麼的差勁，所以每一個我曾經重視過的朋友和戀人，最後都會背叛我，而這一切，都是憂鬱症造成的。我的人生會如此不順利，是因為我有憂鬱症。

　　一直到接觸「**個體心理學**」之後，我才有了全新的想法。而同時我也透過實踐個體心理學，讓自己不再被疾病所控制。我不能說自己已經康復，我也不認為精神疾病會真的康復，在成長的過程中已經受到損傷的大腦，不會因為一句「我已經走出來了」，就換回一顆健康的大腦。

　　本書不會教你如何治癒精神疾病，而是教你如何與自己的疾病以及情緒和平共處；如何透過個體心理學去看待人生的每一道難題，而自己又能夠如何去面對這些，只有自己才能解決的問題。

　　在接下來的章節當中，我將會快速讓大家先對個體心理學有初步的認識，接著會透過我自身的經歷，以及這些年來讀者們和我分享的人生難題，讓大家了解，如何實際將個體心理學應用在自己的人生中。

目次

第一章

淺談**個體心理學**

阿德勒的生平

「個體心理學」的創始人阿爾弗雷德‧阿德勒（Alfred Adler），出生於西元 1870 年 2 月 7 日奧地利維也納的一個猶太家庭。

雖然家庭環境富裕，但是阿德勒卻有著相當不幸的童年。

阿德勒是六個孩子中的第二個，排在他前面的是表現非常出色的兄長。阿德勒自幼體弱多病，除了發展遲緩之外，罹患佝僂症的他，也無法像一般的孩子一樣，靈活使用自己的身體。他在童年時期因為身體的缺陷而感到自卑，認為是這些缺陷才使得他的能力不如兄長，對兄長有著強烈的競爭意識。

阿德勒童年時期經歷過兩次車禍，並親眼目睹了睡在自己身旁的弟弟過世。另外他也罹患了差一點喪命的嚴重肺炎，阿德勒躺在病床上時，聽見了醫師對他的父親說：「你將失去這個孩子。」整個童年期間的阿德勒，可以說是籠罩在死亡的恐懼中長大的，而這也讓阿德勒矢志要成為一名醫師。

　　早期的阿德勒成績很普通，後來在父親的鼓勵與自身努力下逐漸進步，最後甚至成為班上成績最好的學生之一。這些經歷對於日後的阿德勒，在研究心理學的思想上有很大的影響，他所提出的克服自卑感與追求優越感是人格發展的動力，和他的經歷有相當密切的關係。

　　在尚未成為心理治療師之前，阿德勒是眼科與內科醫師，讓他轉往精神病學發展的契機，是在第一次世界大戰期間，擔任軍醫的那一段經歷。

　　當時的阿德勒每天都要面對許多傷兵，評估這些軍人的心理狀況是否能夠重回戰場。這些軍人們因為戰爭而產生的創傷症候群，甚至於因為創傷而造成的性格變化，這些經歷都讓阿德勒感受到心理健康的重要性。

　　在擔任軍醫的期間，阿德勒提出了「**社會意識**」這個重要概念，他希望透過人與人之間的社會意識，避免戰爭悲劇的重演。

　　1902 年到 1910 年期間，阿德勒受到當時精神病理學權威西格蒙德・佛洛伊德（Sigmund Freud）的邀請，加入了維也納精神分析學會，也曾經擔任該學會的主席一職。但是阿德勒

的觀點與學會創辦人佛洛伊德之間的衝突越來越多，最終使得他於 1911 年離開了維也納精神分析學會，並在 1912 年創立個體心理學，與一群追隨者組成個體心理學學會。

　　阿德勒非常重視兒童的教育，他認為扭曲的人格或是精神官能症，都是後天的環境所造成的，在他的論文中，有非常多的主題都是關於兒童教育及兒童行為方面。

　　阿德勒認為，要達成他理想中人人平等且友善互助的世界，就必須要從兒童的教育開始改變。他在維也納與德國等地創立了多處兒童諮詢中心，希望能夠將個體心理學帶入教育機構與家庭當中，因此諮詢中心主要的服務對象，多半以教師與家長為主。

　　到了 1920 年，阿德勒已經聲名遠播，也經常受邀到各處演講，後來因猶太籍的身分而遭受到納粹迫害，於 1934 年改定居美國。附帶一提，阿德勒一直到五十五歲才開始學習英文，除了經常在美國各地區演講之外，他也在 1927 年受聘成為美國哥倫比亞大學的客座教授，1932 年更成為紐約長島醫學院的醫學心理學客座教授。

　　在 2022 年的今日，同一時期的佛洛伊德被後人給記住了，

然而阿德勒的名字相對來說卻鮮為人知。那是因為二戰爆發之後，納粹開始大量屠殺猶太人，猶太籍的阿德勒自然也包括在內，儘管他後來平安的移居美國，但是底下眾多的門生，都已經慘遭殺害。

阿德勒所發表的論文與臨床講義，在當時也遭到禁止，幸虧許多倖存的阿德勒門生，努力將他的學說給保留下來，這些倖存的種子在百年後的今日逐漸壯大，我們才有機會能夠重新認識這一位偉大的心理學家。

名詞解釋：目的論

在個體心理學中有許多相當重要的觀點，在開始閱讀後面的章節之前，我希望第一次接觸個體心理學的讀者們，可以先花一點時間看完這些名詞解釋。當然，筆者並非專業的心理學家或相關專業人士，僅以自學的角度與大家分享我所理解的。

「目的論」有別於大多數心理學的觀點，直到今日，由佛洛伊德主張的「因果論」仍舊是主流的價值觀。在《被討厭的勇氣》一書當中，阿德勒學派的哲學家一開始就以否定心理創傷來解釋目的論。

心理創傷在佛洛伊德主張的因果論當中，可以解釋為「因為曾經遭遇了難以承受的傷害，導致日後的自己無法完成某些事情，或產生某些後遺症」。

這樣的說法是不被阿德勒所認同的，阿德勒認為過去發生的事情無法改變，能改變的只有當下的自己，而很多時候自己會為了達成某些「目的」，選擇不做任何改變。

心理創傷只是過去的某一段空間曾經發生過的事，在事發的那一刻起，這段經歷就已經不存在於當下，而已經不存在的經歷會變成心理創傷，是個體需要利用它來達成某些目的。

例如某人曾經在校園中遭到霸凌，從此對人群產生恐懼，每當想要結交新朋友時，過去這段被霸凌的經歷就會重新浮現，面對人群時也會感到緊張無比，甚至出現冒冷汗、心悸等症狀，人群恐懼使某人始終無法擁有正常的社交活動。

這樣的邏輯就是佛洛伊德的「因果論」。

而在「目的論」的觀點裡，不是因為有人群恐懼才無法有社交活動，而是某人為了不要與人交際，才讓自己對人群感到恐懼。為了不與人交際而製造出恐懼的情緒，目的是遠離人群，恐懼只是對應的手段，只要讓自己對人群感到害怕，就可以理所當然的逃避社交。

逃避社交的原因不是霸凌所造成的，因為在個體整個成長的過程中，不可能只經歷過被霸凌而已，在他的生命中，一定也曾經出現過對他友善的人，然而他的人生型態選擇了接受霸凌這一段經驗，而非那些曾經對他友善的人。

「有時候，心智所選擇的方向可能是有害的，但它之所以被選中，是因為心智誤以為它是最有利的。」《自卑與超越：生命對你意味著什麼》，阿德勒（Alfred Adler），新北市，好人出版，2020 年。

以目的論來看，心理創傷是不存在的，是為了要達成某種「目的」，而讓自己沉浸在過去的痛苦中，讓自己走不出來。

會有這樣的目的，則是受到了人生型態的影響，阿德勒認為，個體的人生型態大概在五歲左右就已經成形，若這個階段的孩子是在一個負面的環境下成長，那麼會將不舒服的經歷視為心理創傷，也是很合理的。

同樣的情形若是發生在另一個人生型態正向的孩子身上，他可能會對霸凌行為做出反擊，或是在擇友過程中更加謹慎。他會將這一段不舒服的遭遇視為人生的一段經驗，這些經驗並不會阻礙他的成長，反而會成為他更加茁壯的養分。

沒有學習過如何面對挫折、總是害怕自己失敗的孩子，在遇到不如意的狀況時，就會選擇用逃避的方式，避免自己再次發生傷害。

　　但是人生的型態並非無法改變，雖然已經是習慣的價值觀，不是那麼容易說改就改，但只要能夠明白目的論的道理，就有機會改變自己原本的人生型態。而究竟該如何改變自己的人生型態，我將會在後面的章節慢慢跟各位讀者分享。

「無論是任何經驗，他本身並不是成功或是失敗的原因。我們不要因為自身經驗產生的衝擊（也就是心理創傷）而痛苦，而要從經驗中找出能夠達成目的的東西。不要由經驗來決定自我，而是由我們賦予經驗的意義來決定。」《被討厭的勇氣：自我啟發之父「阿德勒」的教導》，岸見一郎、古賀史健，臺北市，究竟出版，2014 年。

名詞解釋：課題分離

「所有人際關係中的紛爭，差不多都是因為一腳踩進人家的課題裡，或是自己的課題遭到干涉所引起的。」《被討厭的勇氣：自我啟發之父「阿德勒」的教導》，岸見一郎、古賀史健，臺北市，究竟出版，2014 年。

課題所包含的範圍非常廣大，幾乎你能夠想到的一切事物，都是某個人的課題。課題不只是有形的事物，也包含無形的、抽象的、未知等一切主觀感受。

例如有寒流來，寒流是客觀的事實，而因為寒流感覺到寒冷，因為沒有穿著適當保暖衣物而懊惱，這些主觀感受則屬於自己的課題。

阿德勒曾說，人類的煩惱全都是人際關係的煩惱，所有因為人際關係而造成的煩惱或紛爭，都是因為自己的課題遭到了

他人的侵犯，或是自己在不自覺的情況下，擅自干涉了他人的課題。

每個人都有屬於自己的課題需要承擔，當自己的課題被侵犯時，多半都是會感覺不舒服的。而意圖將自己的課題推給他人去承擔時，也同樣會給人被侵犯的感受。

很多時候，人會難以清楚分辨自己跟他人的課題，究竟要怎麼區分。例如父母老是催促自己快結婚、生小孩，老了才會有所依靠。順從父母的話，以及完成社會所期待的人生階段，似乎都滿重要的，但自己明明就不想結婚生子，該怎麼辦呢？

結不結婚或者生不生子，未來的人生會如何，都是由自己去承擔的。假如順從了父母的催促，輕易就找個對象完成終生大事，那麼未來若是婚後的生活沒有預期中來得順利，也是由自己承擔，跟逼婚的父母無關，也怪不得他們，因為決定結婚的人是自己。

若是決定不結婚，父母勢必會感到失望，然而這些失望是父母在對你提出你不想要的要求時，就該要有被拒絕的心理準備的。如果父母無法接受你的拒絕，或是為你的拒絕而感到失望甚至憤怒，這些情緒問題就是父母的課題，請他們自己想辦

法克服，這些課題與你無關。

　　要區分是誰的課題，只要想一想因為這個決定而帶來的結果，最後會是由誰來承擔？這樣一來就會明白，這些課題是屬於誰的。釐清是誰的課題後，就不要涉入他人的課題，並且也不要輕易讓人干涉自己的課題。

　　割捨別人的課題，並非就是不關心他人，比方說對待自己的孩子，在課業上要不要努力用功讀書，那是孩子的課題，父母不應該以「我是為你好」為由，強迫子女用功。這些「為你好」其實都是為了父母自己，也許是為了體面或虛榮心，或者是為了滿足支配欲等所採取的行動。

　　不論是否用功，孩子都要自己去承擔結果，父母可以做的就是陪伴，讓孩子知道有需要時父母可以提供協助。但父母不會去幫忙孩子寫作業、複習課業內容、考試、上課，或是擅自替孩子做任何一個決定。

　　「關於自己的人生，你所能做的只有『選擇一條自認為最好的路』。另一方面，別人要對你的選擇做出什麼樣的評論，這是別人的課題，你是無法干預的。」《被討

> 厭的勇氣：自我啟發之父「阿德勒」的教導》，岸見一郎、
> 古賀史健，臺北市，究竟出版，2014 年。

　　在課題分離中，最容易遇到的問題就是，一旦接受了他人的好意，就會認為自己也該為對方做點什麼，或是當自己為他人付出後，就理所當然認為他人會感激自己，或是對自己產生好感。例如上面舉例的逼婚父母，父母將孩子辛苦養大成人，滿足父母想要含飴弄孫的心情，似乎是身為子女應盡的義務。

　　這是受到了「回報」的束縛，當回報存在於人際關係的基礎上時，就會產生一種「我為你付出那麼多，所以你應該如何如何對我」的心情，但這樣一來跟課題分離就差很遠了。我們不能要求別人回報，同樣也不應該受它的束縛。

> 「為滿足他人的期待而活，還有將自己的人生託付給他人的做法，是對自己，也對身邊的人不誠實的生活方式。」《被討厭的勇氣：自我啟發之父「阿德勒」的教導》，岸見一郎、古賀史健，臺北市，究竟出版，2014 年。

如果無法不在意他人評價，害怕被他人討厭，也不想付出一些得不到認同的代價，就無法貫徹自己的生活方式，也就得不到自由。

所謂的心靈自由，並非是要人盡做些討人厭的行為，而是別去害怕被人討厭。在不傷害與造成他人困擾為前提之下，不要讓別人來干涉自己的課題，同樣的，我們也無權去干涉別人的課題，這就是**課題分離**。

名詞解釋：橫向關係

　　阿德勒說，人與人之間的關係，要建立在對等的橫向關係上，一旦有了優劣或是尊卑等上對下的區分時，人際關係就不再是橫向，而是充滿競爭的縱向關係。

　　種族歧視、性別歧視、性向歧視、職業歧視……等等，這些都是縱向關係，我們的生活中無處不是縱向的人際關係：父母對小孩、師長對學生、主管對下屬等等，大多數時候，這些人際關係也都是建立在縱向關係上的。

　　縱向的人際關係，會使人不自覺的想不斷往上爬，或至少不要比別人低等。但是每個人終究會老去，各項能力都會衰退，即便是當年在職場上叱吒風雲的大老闆，當他罹患了阿茲海默症之後，也就只是一個平凡的失智老人而已。

　　很多退休的大老闆，會在短時間內突然衰老許多，那是因為過去他們都是在工作上感受到自己的價值，一旦公司不再需要自己，或是發現公司沒有自己依舊能夠經營得很好時，若在

家庭當中也無法獲得歸屬感，就會認為自己不再有價值。

許多人終其一生所追求的，就是那可以使自己感到安心的歸屬感，在充滿競爭的縱向關係裡，是無法得到真正的歸屬感的，因為你不可能永遠待在上面。你現在擁有的條件，使你在縱向的人際關係上屬於較高的位置，但你總有一天會因為老化或是其他任何因素，失去這些條件。

不論是窮人、富人或是任何膚色的人種，都無法決定自己要在何時出生，也無法延長自己的生命。人終究都會一死，因此就生命的這一層意義上，每一個人都是平等的。

窮人與富人因為條件上的差異，窮人的孩子可能無法有機會持續升學，而富人的孩子因為沒有經濟壓力，升學不只是一件輕而易舉的事情，在求學階段還能夠獲得許多窮人無法擁有的資源。對於資源的分配，全世界都不會是平等的，但在橫向的人際關係上，窮人與富人都同樣是人，並無尊卑之分。

在班級或職場中，也同樣會有擁有較多資源的同學或同事，他們的表現也許相較於自己更加出色，但那並不表示自己差勁。因為人與人之間的條件不可能相同，即使是基因完全相同的同卵雙胞胎，都有個性上的差異了，更何況是他人呢？

　　若是有想要與他人競爭的心態時，就是將人際關係擺放在縱向關係上。但若是能夠明白，每一個人都是獨立的個體，擁有著獨一無二的條件，人跟人之間並無相互競爭的必要時，就是將自己與他人擺放在橫向關係上了。

　　也只有在橫向關係上，才能夠將他人視為合作夥伴而非競爭對手，橫向關係是建立在每一個人上面的，若是想要只跟某些特定對象建立橫向關係，跟某些特定對象建立縱向關係，那麼所有人都會變成縱向關係。

　　人與人之間的關係是橫向的，即使是對待自己的下屬或晚輩，也不可以責罵或稱讚。稱讚與責備都是縱向關係當中才會出現的行為，而且是把自己擺在較高的地位，目的在於「操控能力比自己還差的對象」，藉由稱讚或是責備，來讓對方達到自己的要求，或是希望對方做的事。

　　建立橫向關係也是為了課題分離，當有上對下的縱向關係時，就會想要介入別人的課題，比方說父母通常會為了孩子著想，而去干涉他們的學習狀況。

　　不去介入別人的課題，並非指袖手旁觀，建立在橫向關係上的援助稱為「鼓勵」。鼓勵和稱讚完全是兩回事，稱讚他人

會使他人產生「自己是沒有能力」的感覺，因為稱讚是有能力者給無能力者的評價。

　　所有評價的字眼，都是建立在縱向關係上的，而橫向關係所說的，則是更坦誠的感謝、敬意或是喜悅。例如謝謝孩子幫忙自己做家事，而非誇獎孩子做得好，前者是站在與孩子一樣的高度，後者則是讓孩子感覺到自己地位比較低。

　　《被討厭的勇氣》一書中便提到：「**我們不以『行為』的層級，而是以『存在』的層級來看待他人。**」

名詞解釋：社會意識

　　人類是群居生物，我們沒有辦法脫離其他人類獨自生存，相較於其他很早就能夠自立的生物，人類要完全脫離被他人照顧的階段，需要很長的時間。也因此，社會意識是一種幾乎可說是本能的感受，我們會自然而然的想要融入群體當中，並且從中獲得歸屬感。

　　但是在我們成長的過程中，若沒有學習到接納自我以及信任他人的能力時，一旦我們脫離了照顧者，進入陌生的群體當中時，就會開始感覺到自己與眾人格格不入。

　　當自己無法滿足他人對自己的期待時，就會感覺自己在這個團體當中是沒有價值的，久而久之就會開始逃避人群，嚴重的甚至會變成所謂的「繭居族」或是「啃老族」。

> 「個人的私我意義沒有任何價值，真正的生命意義存在於個體與他人的互動中。……（中略）……每個人都奮

> 力想使自己變得重要，但是如果他不能認識到，個人的
> 成就建立在對他人貢獻的基礎上，那麼他必定會步入歧
> 途。」《自卑與超越：生命對你意味著什麼》，阿德勒
> （Alfred Adler），新北市，好人出版，2020 年。

阿德勒說，精神官能症是後天所造成的，而在美國資深心理治療師彼得 • 沃克（Pete Walker）的《第一本複雜性創傷後壓力症候群自我療癒聖經》（Complex PTSD: From Surviving to Thriving: A Guide and Map for Recovering from Childhood Trauma）一書當中也同樣說到，人們對自我的認同可以透過後天練習重新獲得。

社會意識是一種本能，讓我們會想要融入群體。而在群體當中若是要得到歸屬感，感受到自己的價值，首先就要先學習放下自我中心，與他人建立橫向關係。只要開始練習與某人的關係建立在橫向，哪怕只有一人，慢慢的自己與所有人的關係都會是在橫向。

當你建立起橫向關係後，就不會再有稱讚與責罵，只有對等的感謝、尊敬和喜悅，而這些都是為了要讓自己感受到價值

所做的，每個人只要「存在」就有價值，而這一切都要先從與他人建立橫向關係開始。

當與他人建立起橫向關係之後，就不會再以自己或他人的能力來衡量價值，能夠真心將彼此視為夥伴，並且在社會的共同體當中貢獻自己的能力。

共同體並非只有指家庭、職場或是交友圈這樣狹隘的群體，宇宙中的所有生命，都包含在共同體當中。因此你的能力並不是只能夠貢獻在前述的這些地方，你也可以在環保議題上、在動保議題上、在文化保存等任何你想關心的一切，貢獻自己的心力。

幸福（存在的價值）

有些人認為，跟相愛的人長相廝守是幸福，與相愛的人擁有愛的結晶是幸福，看著兒女長大、結婚、生子是幸福，吃到美味的食物或者聽到美妙的歌聲是幸福。幸福對每個人而言，都有不同的解讀。

在個體心理學當中的幸福，指的是**自由並且擁有歸屬感**。

自由在前面的課題分離當中有提到過，獲得自由的前提，就是不能夠害怕自己被討厭，只要還會有想要獲得他人認同的心態時，心靈就無法真正獲得自由。

許多人都是透過自身的「產值」來獲得歸屬感，例如在家庭當中，身為經濟的來源，若沒有自己在外賺錢，這個家庭就沒有辦法擁有現在的生活品質；或在公司當中，身為重要的決策人物，若公司沒有了你，內部之間就會變得一團混亂；或是在朋友圈當中，擔任耍寶、帶給大家歡笑的開心果角色，只要有你在的地方就會有歡樂。

　　但是這樣的歸屬感，會因為老化、退休、疾病等因素而消失。當一家之主沒了工作能力、公司裁員或者退休、因為傷病而無法再有心力耍寶逗大家開心時，他們就會認為自己失去了原本的價值，認為大家都不再需要自己，從此無法再從中獲得歸屬感。

> 「假如一個人在賦予生命的意義裡，希望對別人有所貢獻，而且他的情感也都指向這個目標，他自然會找到自己的方法做出自己的貢獻。」《自卑與超越：生命對你意味著什麼》，阿德勒（Alfred Adler），新北市，好人出版，2020 年。

　　健康的歸屬感可以透過貢獻他人而獲得，而貢獻他人的方式，並不是只有透過金錢或服務才能做到，只要能「好好活著」，對某些人來說就已經是在貢獻他人了。

　　許多父母在年老後，個性會變得越來越難相處，經常與自己的子女作對，或是動不動就情緒勒索子女。其實是因為看著兒女們都長大成人，不再需要自己，無法從照顧兒女中獲得貢

獻感，才會感受不到自己的價值，需要透過不斷造成兒女困擾來意圖證明，兒女不能沒有父母。

　　而做子女的，在面對年老的父母時，我們很常會將彼此建立在縱向關係上，認為年邁的父母能力已經不如自己了，也正因為如此，親子間的問題才會越來越大。

　　面對找碴的父母，做好課題分離，並且鼓勵他們去做自己年輕時曾經想做、但因為照顧兒女而無法做的事情。

　　只要與父母之間的關係建立在橫向關係上，慢慢的，父母就有可能會因為兒女的改變也改變自己，並且明白雖然自己上了年紀，沒有什麼生產價值，但只要好好的照顧自己，做自己開心的事情，不讓子女擔憂，這樣也是在為子女貢獻，並從中獲得歸屬感。

　　當一個人能夠持續感受到歸屬感時，那就是幸福了。

第二章

我是如何成為**精神病患**

家暴、性侵、未婚懷孕，原生家庭的影響

　　跟大多數的孩子一樣，我出生的時候也是個尋常的嬰兒，沒有任何器官缺陷，也沒有任何的先天疾病。但是在我出生之後的十多年，開始慢慢出現了精神疾病的症狀，最終也被確診罹患精神疾病。

　　近年的研究雖然說明了基因對於精神疾病的影響，但更多的證據都顯示，後天環境才是疾病被誘發的關鍵。在開始跟各位讀者分享我是如何透過個體心理學走出精神疾病之前，更重要的是，需要先了解我是如何罹患精神疾病的。

　　很遺憾我的前作尚未出版，在前作當中會有更加詳細的回憶，與其說我突然就被確診為精神病患，更貼切的說法應該為「我是如何讓自己學會當一名精神病患」。

　　在這個章節裡，我將快速讓大家認識我過去的人生。

　　我出生在高雄的鄉下地方，與祖父母三代同堂，祖父之

前皆為務農，但因家族成員眾多，土地分配完後，到我父親這一代時，已經無法單靠務農來養家了。我的父親平日從事製材業，母親則是作業員，在還未有週休二日的年代，我的父母親從週一到週六都得上班，週日則是跟著祖父母到鳳梨園裡整頓那些農作物。

在我的童年印象裡，父母親參與我成長的比例並不高，因為他們兩人不論平日或假日，永遠都是不斷的在工作。小時候的我跟祖父母比較親近，我跟祖父一整天下來說的話，可能比跟父母親一整個星期的對話加起來還要多；而父母親一整年帶我出去玩的次數，可能還比我的祖母一個星期帶我四處串門子的次數要更少。

幼稚園時期，下午放學時間都是祖父來接我，此時我會牽著祖父的手，蹦蹦跳跳的唱著歌。我的記憶中有一個賣豆花的老爺爺，年紀跟祖父應該相去不遠，他會在我從幼稚園回家的路上出現，手上一邊搖著鈴，一邊用他特有的腔調喊著：「豆～花～（tāu-hue）」

沒幾秒鐘的時間，四面八方就會冒出大量的小朋友，個個都捧著自己的碗往豆花伯的方向衝過去。小朋友們爭先恐後高

舉自己的碗，每個孩子都想要當第一個得到豆花的幸運兒。我硬拉著祖父往豆花伯靠近，然而祖父的腳因為退化無法走快，因此都會叫我先去吃，他等等就去付錢。

祖父接我回家後，他就會留在一樓客廳看電視，年長我七歲的哥哥還未放學，父母親也都在上班，此時回到家的我，總是一個人待在二樓玩耍。由於我跟哥哥的年紀實在相差太多了，本來就很少會玩在一起，隨著哥哥的年紀增長，他陪我玩的次數就越來越少，所以從小我就很習慣自己一個人玩。

每到假日，祖父母與我的父母親，以及其他可以幫忙務農的家人們，都會到鳳梨園去照顧那些鳳梨，而我則是一個人留在家裡。由於我在幼稚園就已經十分熟悉注音符號，因此閱讀童書對我來說是輕鬆且愉快的活動，看書看累了，就會改玩扮家家酒，由於只有我一個人，所以通常都是一人分飾多角。

某一個假日午後，家人們一如往常都去鳳梨園做事，我在玩著扮家家酒時，突然有一位親戚來訪。他確認了家裡只有我一個孩子後，先是表示想跟我一起玩扮家家酒，接著突然問我，想不想玩其他更有趣的遊戲？不過這個遊戲不能在客廳玩，必須到房間去。

我被親戚侵犯了，那一年我才五歲，就讀幼稚園中班。

「講出去的話，你會被爸爸、媽媽打喔！」侵犯我的親戚在事後這樣嚇唬著我。

當時的我年紀太小了，從未有人教過我，遇到這樣的狀況該如何保護自己；也沒有人教過我，遇到這樣的狀況可以向大人求救；更沒有人教過我，遇到這樣的狀況並不是我的錯，我只是遇到了不幸的事情，我仍舊是一個值得被愛的好孩子。

於是，我就在沒有任何大人知情的情況下，持續受到親戚的誘姦長達五年，一直到我升上小學高年級才結束。

另外，打從我有記憶以來，父親就會酗酒，每一次都會在喝醉後對我及哥哥施暴。他經常會在下了班後喝到酩酊大醉，然後三更半夜才回到家。即使我跟哥哥早已入睡，他也硬是把我們兩人從睡夢中叫醒，逼我們跪在牆邊，因為他要打人。

小時候的我是很畏懼父親的，父親對我而言，是個動不動就會打人的存在，喝醉的時候會打人，考試考不好的時候會打人，有時候說話一個態度讓他不滿意，父親也會打人。

而母親在這個時候，通常起不了太大的保護作用，身材矮

小瘦弱的她，根本拉不住發狂的父親，只能夠在父親停手離開之後，替我身上那一道又一道的血痕，塗上厚厚一層「面速力達母」（即現在的「曼秀雷敦」）。

我在小學五年級的時候，發現自己不是父母親生的小孩，那個會對我施暴的父親和替我擦藥的母親，都與我沒有任何血緣關係。在得知這項事實後，讓我跟原本就不是很親近的父母變得更加疏遠，而童年時期那些受傷害的記憶，也越來越鮮明到變成難以忽視的存在。

由於母親無法生育，才會領養來自不同家庭的哥哥與我，也因為無法生育，母親在婆家備受歧視，以及非常不合理的對待。一直到我長大之後才明白，為什麼父親老是酗酒，為什麼母親經常會對我情緒失控，只因為我跟祖父母的感情，好過於跟她。

祖父母長年不斷對父親施壓，要求他離婚再娶，娶一個有生育能力的女人。思想保守的父親不願意辜負母親，但也無法達成祖父母對他的期望，只能夠透過酗酒，在酒精的作用下，暫時忘記這些煩惱。

無法生育、娘家貧窮、家庭狀況又複雜的母親，在婆家一

點地位也沒有，祖父母對我母親的言語暴力，在我印象中從未停止過。也因為是從有印象以來就一直看著祖父母羞辱母親，我完全不會心疼母親，甚至認為這是理所當然的事情。

小時候的我非常調皮，經常在校園中闖禍，而我的父親與祖父母，就會將我的調皮歸咎於母親不會教小孩。有許多次，情緒失控的母親會對著我大吼大叫，要我饒她一命，要我別逼她去死。

母親一邊尖叫要我放過她，一邊卻拿曬衣架抽我；一邊要我閉嘴別再哭了，一邊拿曬衣架抽我。然後將哭鬧不止的我塞進裝肥料的空麻布袋中，騎著機車把我載到荒郊野外丟棄。然後又會在我哭到嗓子全啞掉時騎著機車出現，將我載回家裡，替我身上那一道又一道的血痕，塗上厚厚一層面速力達母。

國中畢業的我，進入了對男女關係好奇的青春期，我的哥哥結婚生子了，我也渴望能夠擁有自己的家庭。我夢想著有疼愛我的丈夫，以及和藹可親的公公、婆婆，希望家中成員多一點，這樣我就能夠一次擁有許多家人的愛。

我不是只有用想的而已，十六歲的我交了男朋友後，就開始計畫讓自己懷孕。會有這樣異想天開的想法，則是因為看見

哥哥與大嫂成功的奉子成婚。當時的男友是職業軍人，年輕又血氣方剛，因此對於女友每一次的邀約，自然是當仁不讓。

計畫持續了半年多，我才成功懷了孩子，為了讓這項計畫得以順利執行，我一直強忍著害喜造成的不適，直到超過十二週後才告訴我母親；為了讓這項計畫得以順利執行，我不惜殘忍的恐嚇母親：「胎兒都這麼大了還要我拿掉，是不是想要我以後跟你一樣不能生，一輩子被別人嘲笑？」

我成功的將自己嫁了出去，但新的家庭卻沒有我幻想中的溫馨美滿。

我脫離了酗酒的父親，卻進到了成員同樣會酗酒的新家庭；我脫離了長年對我情緒勒索的母親，卻多了一個控制欲極其嚴重的婆婆；我脫離了飽受冷漠對待的原生家庭，卻來到了會歧視平地人的原住民部落。

被婆婆逼著貸款辦理隆重的婚禮、被大伯竊取自己的財物、看著二伯對他自己的親弟弟施暴……

中風的公公被家人置放在客廳，好方便家人去清理公公的排泄物。而家中竟然沒有人考慮過公公的尊嚴，只為了讓皮膚

褥瘡不要惡化，就這樣讓他成天裸露著下體躺在客廳，有時候街坊鄰居來家裡，我會看見公公吃力的想要遮掩他的私處。

我到底把自己嫁進了一個什麼環境？

懷孕第八個月，產檢時醫師說我如果再繼續營養不良，對胎兒恐怕會造成嚴重的影響，醫師不斷告誡我要多吃點有營養的東西，就算會吐也要逼自己吃東西。害喜的狀況從發現自己懷孕後就沒有停止過，然而營養不良的主要原因倒不是我一直吐，而是我根本就沒有錢吃飯，我的錢都被丈夫的親哥哥偷走，拿去買酒喝了。

最後我還是回到了原生家庭，在我的娘家待產，雖然期間父母對我的冷嘲熱諷始終沒有停止過，但也確實給了我基本的溫飽。一度有流產風險的寶寶，也在懷孕四十週後，透過剖腹產的方式平安出生，身體健康，沒有任何先天缺陷。

丈夫沒有因為身分的轉變而有了責任感，職業軍人的他，平常都是待在部隊裡，放了假則是先與同袍弟兄們享樂後才回家。原住民身分的他，在我娘家也是飽受屈辱，我的祖父母甚至會很失禮的直接叫他「生番」，從未叫過他的漢名。

　　丈夫厭惡我的娘家，我也不喜歡他的原生家庭，我們之間的爭執越來越多，關係也越來越疏遠。

　　全職家庭主婦的我沒有任何收入，一切開銷都得從丈夫的薪餉中支付，雖然丈夫將收入全數交給我管理，但是他也從未控制過自己的開銷，每到月底就會開始跟同袍借錢，這些借來的錢倒也不是用在什麼很重要的地方上，都是買菸、唱歌或一些奢侈品。

　　當我們入不敷出時，丈夫就會叫我去娘家向我的父母親借錢。節儉到近乎吝嗇的母親，每一次向她借錢時總要先教訓我一頓，接著有如讀稿機般，一樣一樣唸出現在蔬菜與生鮮的時價是多少、這個月家中的水電瓦斯又支出了多少。日子已經這麼難熬了，還要想辦法籌錢讓我丈夫拿去還錢，這世道發生什麼事了？

　　即便我在內心已經吶喊過千萬遍，我一直都很省吃儉用，浪費錢、四處借錢的人不是我，但今天是我們家有求於人，而丈夫也不願意做這些事，若我不忍下來，最後吃苦的也是全家而已，包括我那還未滿週歲的兒子。

外遇、性成癮，精神疾病的影響

我意識到丈夫無法承擔家庭的責任，若是我想擺脫這個環境，得先要有能力照顧自己才行，於是我在兒子斷母奶後就去工作了。我在職場上認識了一個大我十多歲的男子，他對我百般體貼、呵護至極，而我也開始對他發牢騷，抱怨丈夫是多麼的不負責任。

某天他突然開口對我說：「我們私奔吧！讓我照顧你跟你的孩子。」

就跟那些灑狗血的鄉土劇一樣，在某個平常的白天，我背著兒子，提著一個小包包，裡頭只有我的錢包與證件，就是為了不讓母親起疑心。我告訴母親帶兒子去學校玩耍，然後那一天我就沒有回家了。

然而他明明跟我說過他有車，卻開著租來的車帶我搬到嘉義。他說他有存款能照顧我，到了嘉義卻是用我的名字、押我的證件來租房子，就連押金與租金也全都是由我支付。

他説他父親過世了，家裡的成員都在爭奪遺產，由於他是長子，母親為了不讓他得到父親大部分的財產，因此將他所有的證件全部拿走，他需要一點時間才能搞定這些事。

很扯，但我信了。或者説，我都已經跟他搬到嘉義了，房子租了錢也付了，我還能夠選擇不相信嗎？

某一天，我帶著一歲多的兒子去臺南找朋友敘舊，當天晚上回到嘉義的住處後，才發現他人間蒸發了，而我在住處中的所有家當，也全部被打包裝箱送走。然而我的存款早已耗盡，摸了摸全身口袋，也只剩下幾十塊錢，就連想要厚著臉皮搭車回娘家都沒有辦法。

「難道這就是被劫財騙色嗎？」
「吃乾抹淨就走人，我一定是在做夢吧？」

至今已經過了十多年，我仍忘不了當時那荒謬的場景，後來我再也沒有聽到他的消息，就像這個人從來不曾出現過一樣。但我那燒盡的存款，以及那一天去找朋友敘舊時在臺南留

下來的合照，都在告訴我這件事情是真的發生過。

　　我已經不記得當時是如何鼓起勇氣聯絡丈夫，也不記得我跟他說了些什麼，但我記得後來是他開車來嘉義，接我跟兒子回娘家的。

　　那些省吃儉用存下來的存款，原本打算有一天與丈夫攤牌後，有能力照顧自己與兒子，沒想到在嘉義的那兩個月就全花光了。眼前看起來離婚無望，我甚至連有沒有辦法照顧好自己都不確定了，只好與丈夫恢復了同床異夢的夫妻生活。

「我跟他的屌，誰的比較大？」
「他在插你的時候，你也是這樣叫的嗎？」
「我當兵不在，你就想找人幹你了是嗎？蕩婦！」

　　即便沒了愛情，仍舊有肉體上的需求，但每一次的性交過程就是言語上的羞辱，我沒辦法反駁丈夫，他講的似乎也沒有錯，我真是個糟糕的女人。

「我老公好像想殺了我……」

「他收假的時候可能有找人跟蹤我……」

「我好怕，我不知道他會怎麼對我……」

「醫生，我可以先殺死他嗎……」

　　我在十九歲確診罹患憂鬱症暨思覺失調，症狀合併焦慮、恐慌、被害妄想。由於自費的藥物太昂貴，當時沒有收入的我，無法持續就診與服藥，但沒想到擅自停藥後，病情卻加劇了。我開始出現幻聽，我聽見丈夫在廚房找行凶的工具，我聽見了他抽出菜刀的聲音，但他的人明明就在部隊裡。

　　我不敢走進人群，我感覺到丈夫就藏在人群裡面伺機而動，他在找機會殺死我，他在等我落單的時候，他在暗地裡跟蹤我。我不敢與任何人對上眼，人群裡面一定有一個人是丈夫派來殺死我的，但我不知道是哪一個。

　　我不能被發現！我會被殺死！

　　我逃走了，丟下了兩歲多的兒子，這一次我什麼都沒有帶走。

.

　　只有國中學歷又沒有任何的一技之長，我選擇到酒吧工作。每一天下班都是喝得爛醉後回家，每一天都在酒駕，每一天都在嘗試找不同對象上床，每一天都期盼著自己能夠儘快死亡，什麼樣的死法都好，自撞或被撞或是暴斃都好。活著對我來說，每一口呼吸都像是被凌遲一樣難受。

「○○的妹超好上的，約一下就直接帶回家了，連去汽車旅館的錢都省下來。」
「滿肚子都是妊娠紋，胸部還下垂，沒上過我還真的不知道她竟然已經生過小孩。」
「那個身體我看了真的很倒胃口，有夠噁心，這輩子不會想再去上她，我寧願花錢叫傳播。」

　　某一天，我發現自己成了這些笑話的女主角，四處散播這些言論的，正是其中一個曾經跟我上過床的酒客。

　　我的身體出狀況了，不但開始掉頭髮，而且頭皮很油膩，明明才剛洗過頭髮也馬上吹乾，一、兩個小時後卻可以油膩得像是一整個月沒洗頭。我身上容易出汗的部位，腋下、腳掌味

道也變得很重，私密處總是散發出魚肉腐爛一樣的腥味，伴隨著黃綠色豆腐渣狀的分泌物。

不幸中的大幸是，檢查結果不是性病，只是常見的念珠菌感染，因為長期熬夜又睡眠不足，飲食不正常又抽菸、喝酒造成的。醫師開了些抗生素、消炎藥之類的處方給我，然後囑咐我不要再喝酒了。

「不喝酒，我要怎麼活下去呢？」

在逃家後的一年，丈夫多次利用孩子威脅我回到他身邊，我終究還是脫離不了這段婚姻，脫離不了丈夫的控制。

幾個月後我有了身孕，發現自己懷孕時，並沒有特別的喜悅，我深知經濟狀況要養育兩個孩子是極為辛苦的。我曾經想過去墮胎，別讓他生下來跟著全家一起受罪，但是在丈夫的極力阻止下，孩子保留下來了。

在我懷孕四個月時，丈夫跟我承認，他在我們分居期間有貸款，負債三十萬元還在償還中。

又一個三十萬，結婚的貸款才還完，又多了一個三十萬，而且還在我決定將這個孩子生下來的時候才告訴我，我的人生

究竟還要跟金錢周旋多久？

我開始失眠，脾氣變得暴躁且陰晴不定。

每一天我都在想，有沒有什麼方式能夠讓這個孩子自己流掉？如果我讓自己從樓梯上摔下去的話，有機會流產嗎？如果我去抓點紅花來吃，有機會流產嗎？

「你能不能自己去死？」
「我們養不起你啊……」
「為什麼你要來到這個世界上？」

我的憂鬱症演變成了躁鬱症。

這一次的症狀除了情緒低落之外，當躁症發作時，更出現了會傷害自己與傷害他人的行為。我沒有勇氣去查證那一段時間失控了幾次，但在我的記憶裡，至少就發生過兩次因為情緒失控差點殺死兒子的意外。

而讓我失去理智的原因，就只是兒子打翻了一碗粥，我跨

坐在他小小的身體上，使勁把他往死裡打，兒子從撕心裂肺哭喊著求救到沙啞，最後直到無聲的啜泣，我才突然驚醒。

我後悔的抱著他大哭，重複對他說著對不起、對不起、對不起……

精神疾病惡化、感情的挫折

我知道自己有病，因為擔心藥物會影響胎兒，懷孕期間並沒有去看醫生，直到孩子出生後仍然沒有看醫生，因為我擔心藥物會經由母乳讓孩子喝到。

小兒子一出生就被宣告病危，並立刻送進了新生兒加護病房，出生第二天全身上下就被插滿了管子，用來幫助他維持生命。他的肺泡發育不完全，心臟也有一個洞，持續性肺動脈高壓合併血氧濃度過低，正常的嬰兒血氧濃度應該都要有90%以上，但是他卻只有30%～50%。怪不得一出生皮膚就那麼黑，我還天真的以為是遺傳了原住民父親的膚色，結果沒想到是缺氧造成的發紺。

醫生要我替剛出生的兒子簽病危通知書，並且告訴我孩子隨時都可能會夭折，要我盡可能做好心理準備。

我到底做錯了什麼？

　　我開始自責，我認為孩子可能是自己想要求死，因為在懷孕期間我不快樂，我甚至害怕他出生後會養不起，然後全家一起走上絕路。他是不是感應到了我這樣的念頭，覺得他的出生對我來說是一種負擔，所以才不想活？

「對不起，媽媽希望你活下來，媽媽不想要你死……」

　　不知道是否兒子聽見了我的呼喚，或是他本身的求生意志也很堅定，原本被告知病危的他，在住了快二十天的加護病房後，開始慢慢好轉。醫生說會慢慢減少一氧化氮的濃度，讓兒子自行練習呼吸，最後在即將滿月之際，兒子恢復健康並且順利出院了。

　　可能是被這樣的強悍給感動，我的病情在照顧小兒子的期間算相當穩定，照顧兩小之餘，還有餘力去想著怎麼幫自己產後瘦身。我在網路上分享減肥心得與成果，沒想到意外爆紅，同時也因為我的文章被大量散播，因而認識了影響我至深的教練 K。

　　K 總是毫不保留的批評我的文章錯誤百出，讓我開始反省自己分享的內容是不是真的很糟糕？我抱著討教與討好的心態向她提問，而她也總是很熱心的為我解答，於是我便越來越信任她。

　　我跟K的感情越來越好，我感覺她非常的照顧我，因此對於她的要求，我都是照單全收，不管我願不願意，於是就展開了我在健身圈最紅的時期。在K的指導下，我寫了大量批評教練、網美、網紅、藝人、新聞媒體等等的打臉文。因為遣詞用字非常辛辣又很敢講，我在短短的幾個月內，粉絲人數就破萬人了。

　　我被粉絲的擁戴蒙蔽了雙眼與內心，每天我只為了想要多得到一個讚，發一些與我的實際生活根本相反的貼文。例如在文章裡，我與我的丈夫十分恩愛、我的丈夫體貼且善解人意，是十足的神隊友。

　　直到最後，我真的無法再繼續跟丈夫相處而離婚時，我的粉絲們幾乎一面倒的指責我的自私，他們認為我是嫌棄丈夫的身材而離婚的，他們徹底相信了那些我所捏造出來的好丈夫形象。

　　離婚後的我，帶著大兒子與丈夫分居，雖然我也很想要把小兒子一起帶走，但是理智告訴自己，現在的經濟能力養不起兩個孩子，等到我經濟能力穩定一點之後，再想辦法奪回小兒子的監護權。

　　後來我帶著大兒子從高雄搬到臺北生活，因為 K 與另外兩位合夥人要開健身房，K 希望我去當櫃檯並且持續寫文章，幫公司宣傳與招生。

　　但是我並不認為在櫃檯的收入有辦法養得起兩個孩子，而且我也不喜歡與人交際，我只喜歡教人健身。當時另一名合夥人 H 承諾我，只要我在開業前的那段時間，好好參加教練培訓，等開店後會讓我當教練，讓我有穩定且足夠的收入，得以照顧小孩。

　　H 向我表示，K 那邊他會處理，我只管放心搬上來臺北，勇敢追夢。

　　在 H 信誓旦旦的保證後，我似乎看見自己那幾乎可以說是全毀的人生，總算有了重新開始的機會。只要新的環境沒有人認識過去的我，我應該就能揮別過去二十年來的陰霾了吧？

2014 年 11 月，我向朋友借了幾萬塊，帶著我開始接觸健身那兩年慢慢存錢購置的教科書與幾套衣服，懷抱著美好的理想搬到臺北了。

K 讓我在找到住處前先跟她母親一起住，她的房間可以讓我使用，至於房租，意思意思收個六千元，我只要幫她母親把整個家裡打掃乾淨就好。因為健身房還在裝潢中，我暫時在 K 的體育教室當工讀生，負責的工作就是打掃教室環境，以及打掃 K 與她男友的私人住處。

當時體育教室裡沒有半個教練願意私下跟我講話，我漸漸感覺到 K 好像有點不太尊重我，她經常用相當羞辱人的言語，當眾責罵我打掃工作做得糟透了。某一天，我又再次被 K 教訓了，因為槓片上的汙垢，不論我怎麼擦拭都沒辦法擦乾淨，我求助 K，問她是否用清潔劑擦拭會比較容易？

「你自己想辦法啊！我是請你來工作的，如果要我想辦法的話，我花錢請你幹嘛？我自己做就好了啊！」

後來我用去漬油擦拭，發現可以將汙垢擦掉，雖然味道很臭，而且要擦很久，但總算是把上面的汙垢給擦下來了。

「你看！槓片上面的漆都被你擦壞了啦！你是怎麼做事情的啊？擦成這樣我要扣你薪水了！」

在看過我好不容易才擦拭乾淨的幾片槓片後，K 並沒有表示讚賞，反而是當眾指責我。我的眼淚在眼眶裡打轉，但我倔強的不想讓它滴落，我告訴自己沒事的，K 只是希望我能夠做得更好，她是相信我可以做得更好才這樣唸我。

「她把我當自己的妹妹……」
「她不會傷害我的……」
「她這樣做都是為了我好……」

健身房順利開幕後，我也終於脫離了體育教室，並且搬到中和南勢角，雖然那是個地下停車場硬隔出來的空間，既潮濕又陰暗，但比起繼續住在 K 的家裡，這裡的霉味聞起來，彷彿都有代表著自由的青草香。

然而 H 卻食言了，他並沒有讓我成為教練，他對於我的質問不斷打太極，要我去找另一位合夥人凱文談。凱文說只要

我去考取一張證照，就可以參加教練考試，通過考試後，就可以成為正式教練。

這跟當初 H 的承諾不一樣，H 對我說過，他要的不是空有證照的教練，而是有專業能力且會為學生著想的教練，他看中的是我的能力，而非學歷或是有沒有證照。

明明公司有好幾位教練也沒有證照，只因為我是名人，所以不能沒有證照。他們只想保護公司的名聲，卻沒有想過我是因為信任他們，才會離鄉背井來到臺北，現在我一身負債，連生活都成問題了，還要我想辦法生出三萬塊去考一張證照，才「有機會」讓我成為教練。

每個月僅兩萬多元的櫃檯收入，扣除房租與還給朋友的錢，別說養小孩了，我連自己的生活都快要負擔不了。最後，大兒子才剛來臺北不到一個月，就再次將他送回屏東前夫的身邊。

兒子離開後，家裡就只剩下我一個人，每天回到家只有我的貓（豬豬）陪著我。地下室硬隔出來的空間，既不通風也沒有任何採光，那種令人窒息的寂寞，讓我感到好絕望。

在每一個下班的夜裡，我都要藉著酒精與尼古丁來麻痺自己，到了隔天又要假裝沒事到公司，然後運動、拍拍照片，發些正面積極的健身文到粉絲專頁上，跟粉絲們互動。我明明在哭，但是我回覆粉絲們的留言卻是各種幽默風趣，彷彿是兩個不同的人。

臺北沒有人能夠讓我訴苦，我也不想讓高雄的家人、朋友看笑話，最後只能在臉書上寫文章抒發心情。然而那些負面的發文，也讓凱文對我發出警告，他說我如果再繼續寫那些會讓人以為公司虧待我的文章，以後就不用再進來公司了。

當我走投無路也生無可戀、想了結自己時，有一位才認識幾天的公司會員，主動表示願意借錢給我，讓我考取證照後可以有更多的選擇，不一定要繼續留在公司。最後我在他的資助下，順利考取證照也離開了公司，成為一名自由教練。

脫離了讓我心灰意冷的前東家後，我成了自由自在的健身教練，還交了一個男朋友（不是資助我考教練的那位朋友），我的人生似乎出現轉機了。

接觸個體心理學

　　成為自由教練後，最先獲得改善的，自然就是經濟狀況，教課的收入遠遠大過當櫃檯，而指導學生運動，也讓我獲得滿滿的成就感。

　　然而前夫似乎察覺到了我的收入提升，開始貪得無厭的向我索取金錢，除了每個月的扶養費之外，他總是會用各種名目向我要錢，若是我不肯給予，他便會消失一段時間，讓我完全見不到孩子。

　　教練的收入雖然高，但也僅足以維持我的基本開銷。我與男友交往不到三個月，我就先向朋友借錢，幫他償還了十六萬元的債務。因此初期我的收入幾乎都是拿來還朋友錢，而男友對於我幫他償還的十六萬元，似乎也沒有要還我的打算。

　　雪上加霜的是，才交往幾個月而已，就讓我發現了男友與其他女生曖昧的證據。手機裡面滿滿不堪入目的甜言蜜語，那是男友許久都不再對我說過的，我對他的信任感，瞬間從一百

分變成零分，對他日常的行為有越來越多的不滿，對他的懷疑也越來越深。

「可憐啊……父母不愛你、兒子不要你，現在連男朋友也背叛你了……」

「看吶！他跟之前的男人並沒兩樣，都只是在利用你。」

「利用你的名氣抬高自己，吃你的、住你的，連身體也都要用你的。」

「你怎麼會傻到以為真的有人會無條件接受你？」

「你那被無數根老二插過的屄，連我都覺得噁心。」

「要不是你是網路名人，你真當自己遇到真愛？」

「下輩子記得當個乖女孩，別再作賤自己了知道嗎？」

我又出現幻聽了，耳邊不時會有人聲催促我快去死。

男友騎車載我回家的路上，我閉上眼睛將身子往後一倒，當時心想，和平東路上的公車那麼多，應該可以很輕易的結束自己的生命了吧？這一段旅程我走得夠久也忍得夠久了，可以放過我了吧？

　　我感覺到自己的身體碰到馬路，只是一瞬間的事情而已，我在地上滾了好幾圈，手腳也都被磨破皮，我回頭看向後方，平常公車多到我都很怕會被兩輛公車夾死的和平東路，那天竟然剛好連一輛轎車都沒有經過。

　　我雙眼空洞的看著男友，他對著我大吼大叫，但我不記得他當時罵了些什麼……

　　我重新回到療養院看診，並且服藥控制病情，但是藥物並沒有讓我的病情好轉，反而每況愈下。我開始對身邊的人產生敵意，認為每一個人都想要置我於死地；我吃藥控制病情卻沒有好轉，是因為醫師與藥師聯合起來，開沒有用的藥物給我。

　　而男友每個晚上逼我吃藥，也是為了不讓我的病情變好，這樣子有一天他才能找藉口拋棄我，並且將自己塑造成深情的受害者，然後向他人說：「她真的有病！我沒辦法再跟她相處一秒鐘了！」

　　有一天，他一定會這樣跟別人講我。

　　藥物並沒有讓我的病情好轉，而我與男友的感情也沒有。相處的每一天都讓我感覺自己快要窒息，我相信他也是，我開

始轉而尋求其他治療方式，如催眠、頌缽等，然後才接觸到個體心理學。

　　個體心理學是必須透過實踐才會看見改變的，於是我逼自己做出改變，對男友做好課題分離，不再因為害怕把氣氛弄僵，而默默忍受讓我不舒服的一切。

　　例如既然他不願意自己洗便當盒，我也就不再幫男友準備便當，並且開始要求他分擔房租、水電、瓦斯等住處的開銷，不允許他再繼續白吃白住。而在交往初期借給他還債的錢，我也要求他按時還給我。

「你現在是在跟我討錢嗎？」
「你不要誤會，這筆錢本來就是我的。」
「我有說過不還你嗎？」
「那你要還了嗎？」
「這不是一筆小數目，我需要計畫一下怎麼還、分多久還。」
「快三年了，你計畫好了嗎？」
「你現在是想找我吵架嗎？」
「我沒有想吵架，不過，我想分手了。」

　　那不是我第一次跟男友提分手，但卻是唯一一次如此冷靜的表示。過去兩年來，不只一次跟他說我想分手，但提了之後我自己又會後悔表示不想分手，哭著拜託他別離開我，同樣的戲碼一次又一次上演著。

　　我想，這荒謬的一段感情，對彼此造成的傷害已經夠大夠深，真的不需要再繼續了。我們無能為力改變彼此，同時也無法接受彼此。不是因為任何原因，從個體心理學來解釋，就只有一項事實：我們早已經不愛對方。

　　相愛的人，不會一直互相傷害。

　　分手後的我心情很平靜，無悲無喜。如同在路上看見了落葉，你明白季節到了葉子就是會落下，然後春天到了又會有新葉長出來。你不會為落葉感到哀傷，但也不會因為落葉感到雀躍，就是在看一種理所當然的輪迴那樣平靜。

　　我的精神疾病沒有康復，直到今日仍然還是會在躁期以及鬱期之間不斷循環。我也並非開始實踐個體心理學之後就變成樂觀開朗的人，我的想法依舊灰暗負面，也經常會感到情緒低落。我只是透過目的論明白，縱使我控制不了自己的情緒，我仍然還是可以帶著這些情緒，去做自己該做的事情。

　　課題分離與**橫向關係**讓我明白，即便我做得不夠好，也不表示我很差。即便他人不能認同我所做的，或者要厭惡我，也都不是我能夠改變得了的。我能夠做的，只有決定自己要繼續沉淪，還是帶著過去的這些經歷走下去。

　　將這些曾經的創傷轉變成使我更堅強的養分，然後不再讓過去的人生影響這一刻的我。

　　於是，便成就了現在撰寫本書的我。

第三章

自我認同的課題

　　除了個體心理學之外，許多的實驗研究也都指出，童年時期缺乏正向的環境，會對孩子造成不小的傷害。著名的「恆河猴」實驗當中，沒有被母猴養大的幼猴，長大後便無法順利社會化，而且精神都會出現異常的發展。

　　由於嬰兒只能透過啼哭的方式來表達自己的需求，在剛出生頭半年的這個階段，如果無法給予嬰兒足夠的安全感，他們對於適應社會的能力，將會受到永久性的損害。而在五歲之前是人格形成的階段，這段期間的孩子需要培養對自我的認同，以及不排斥母親（或主要照顧者）之外的對象。

　　我在自己的社團所收集到的近千份樣本當中，有 92% 以上的成員表示，有自我認同方面的煩惱，也就是說，大多數人不知道該如何幫自己建立自我認同。

　　在我們成長的過程中，價值觀被建立成需要仰賴他人的認同，才能夠感受到自己的價值，當有人認為我們做得不夠好，或是批評否定我們時，就會使我們感覺自己是沒有價值的。

　　在這個章節當中，我將會以我及社團成員們的親身經歷，和大家分享如何透過個體心理學，替已經成年的自己重新建立在童年期間沒有順利發展出來的自我認同。

找不到自己的優點，該怎麼喜歡自己？
——談接納自我

讀者來信：

花花你好，我有看過《被討厭的勇氣》一書，知道自己
從小就有自卑情結，我也常常提醒自己要跟他人做好課
題分離，就算別人表現優秀，也不表示我比別人差勁。

我覺得自己有表達障礙，常常都很在意自己說出來的話
是否能夠取得別人的認同，有時一不注意脫口而出又懊
悔不已，於是到後來很多事都不會講出來，只會讓自己
一直胡思亂想。

我覺得自己沒有任何優點，每一個人都比我還要優秀。
每次滑臉書看到別人的發文，我都會忍不住認為他人是
在炫耀。我總是嫉妒他人，無法用欣賞的眼光看待比我
優秀的對象，我真的很討厭這樣充滿酸葡萄的自己。這
樣的心態是因為我還沒有學會接納自己嗎？

花花回覆：

　　看不見自己優點的人，是無法喜歡自己的，更甭提能夠接納自己了。

　　人天生就有自卑感，**一個健康的自卑感，應該是與理想中的自己比較後，認為自己還能做得更好**。而現今的教養方式，卻多半將孩子教育成與他人競爭，不只是在校園或是職場，甚至在更早之前的原生家庭裡面，若是照顧者沒有給予孩子一個健康的觀念，手足之間就會開始產生競爭。

　　孩子在充滿競爭的環境下，很容易會去放大自己的缺點或是短處，接著會試圖讓它變得更好，但是當無法如預期勝過他人或是做得更好的時候，就會開始產生否定自己的念頭。

　　學習接納自己，有兩個很重要的地方，第一個當然是**看見自己的優點**。很多人不會注意到自己有什麼優點，因為他們把大部分的時間都花在注意自己的缺點上面，以致於以為自己沒有任何優點。

　　另一個則是許多人沒去注意也不曾想過的：**將自己的缺點變成優點**。

　　每個人擁有的是獨一無二的特質，正是因為有了這些特質，才能構成獨一無二的個體，這個世界上找不到兩個一模一樣的個體，即便是基因完全一樣的同卵雙胞胎，也會因為個性上的差異，在成長的過程中發展出截然不同的人生。

　　每一個人都應該接受自己的一切，包括那些他人口中的「缺點」。在個體心理學中，所謂的優點或是缺點，都只是個體的某一項特質，並無優劣之分。而我們會將這些特質區分為優點或缺點，則是受到了文化與教育方式的影響，評分的標準十分不客觀。

　　好比說，國人嚮往纖瘦高姚甚至有點病態的身材，但在某些國家，女孩子就要像渡邊直美那樣，擁有豐腴的身材才是美人的代表。另外，丹鳳眼在歐美國家是充滿東方神祕魅力的眼型，但光是在臺灣，就有許多擁有漂亮丹鳳眼的女孩子，渴望透過醫美，讓自己的雙眼變得更大、更深邃。

　　把自己的缺點變成優點非常重要，如果你把它當成缺點，你就沒辦法接納自己，因為你會認為自己是有瑕疵的；但若是能把缺點看做是自己的一部分，用別的角度去看自己的缺點，或許它就不再是缺點，甚至會變成自己引以為傲的專屬特質。

> 「在社會生活中，一個人的人生發展、價值與評價，並非取決於他本身的能力，而是其如何運用能力。」《阿德勒演講集：建立自我的生命風格》，亨利・史丹（Henry T. Stein, Ph.D.）（編）臺北市，張老師出版，2020年。

其實我的口語表達也是很差，不像我的文章條理分明。我講話時常會吃螺絲，加上來不及多做思考，許多話就脫口而出，我也跟你一樣，經常會不小心言語傷害到別人。曾經有很長的一段時間，我不喜歡跟人對話，只能透過文字跟人談事情，連錄音都沒有辦法。

我講話還有個口音，常被誤以為是新加坡、馬來西亞或是大陸人，當我說自己是高雄人時，他們會訝異我竟然沒有任何臺語口音，而且臺語還講得非常不流利。有時候甚至還會被追問：「是嫁到高雄嗎？」、「是來臺灣工作嗎？」或是要我說幾句臺語來聽聽，這些行為都讓我覺得滿不舒服的。

當我把這些特質看作是缺點的時候，我就無法認同與接受這樣的自己，也會排斥讓他人發現這些缺點；但是當我把這些缺點看作是我專屬的特質時，就比較能夠接受自己就是這樣，

並且替這些特質找到正向的解讀。

口條不好同時也代表著我很誠懇，我不會在對話的時候還要耍一些心機，只為了講話能夠讓大家都滿意，但實際上我心裡可能根本不是那樣想的。我能夠讓人在記住我的臉之前，就先被記住口音，對於需要公開演說的場合，我特有的口音總會讓人印象深刻。

過去的我總是把他人說我講話很「真實」，解讀為講話很「白目」；聲音充滿「磁性」，則是解讀為「菸酒嗓」。當我不再把這些特質當作是缺點時，就能夠真心接受他人對我的稱讚，並由衷認為這就是我才有的特色，是別人想模仿還模仿不來的專屬特質。

所以，現在開始學習做這兩件事情，「**發現優點**」以及「**將缺點變成優點**」吧！

壓力大就會暴飲暴食──談課題分離

讀者來信：

花花您好，我有個親戚特別愛嘲笑我的身材，就連在減肥期間也不放過我。當我被親戚嘲笑時，壓力就大了起來，而在這樣的壓力下，我反而變本加厲吃得更多。

我總是在罪惡感和自我唾棄中輪迴，明知道不應該暴飲暴食，但每當壓力來臨的時候，就忍不住想要靠吃東西來發洩。

花花回覆：

　　當你能夠認同自己的時候，其實就不會再去在意外界給你的眼光，他們怎麼看你，或者說怎麼定義你，都不能代表那是你。你就是你，不是任何人口中或心中描述的任一形象。

　　你會因為親戚嫌你胖而進入壓力性暴食狀態，是因為潛意識中的你，意識到自己的界線被侵犯了，親戚嫌你胖，你憑什麼要為了他瘦？因此，潛意識就會使你想大量進食，讓自己的身材更加失控。

　　與其說是失控，倒不如說是你希望藉由失控的體重，來宣示自己的主權，你不會按照別人的期待讓自己瘦下來，而且你是有能力讓自己變得更胖的。

　　但在現實中，當然沒辦法接受自己越來越胖，所以你會自責、內疚、沮喪或厭惡自己。當你越來越了解個體心理學之後，你就會發現，人沒有什麼潛意識或是表意識，每個人就是一個完整的個體。

　　當人感受到壓力的時候，會很自然的想要靠吃東西來發洩，其實並不是吃東西能夠讓你釋放壓力，相信許多人也都有壓力性暴食之後的後悔，甚至跟過去的我一樣跑去挖吐。

　　我們的潛意識很清楚，這個世界上的萬物，唯有自己是能夠隨心所欲控制的。但這樣的自我覺察能力，如果沒有透過學習，可能一輩子都不會被開發，永遠都只能停留在「靠吃發洩」的階段。

　　其實，你真正想做的不是發洩，而是藉由暴食改變自己的體態，這樣的行為模式很常出現在高壓家庭下的孩子，尤其父母是控制狂那種。

　　從小被要求必須學鋼琴，不准學直排輪；補習英文，不准去學什麼美術；這次段考成績怎麼退步了？我幫你找了家教一週補習三次……

　　孩子的主權一再被侵犯，但無能為力去反抗或拒絕，只能硬著頭皮服從。

　　當他們某天潛意識發現，自己的身材是不會受到父母控制的，就算父母再怎麼努力幫我控制體重，只要我想要的話，我就可以有各種手段讓自己無止盡的胖下去……

> 「有時候，心智所選擇的方向可能是有害的，但它之所以被選中，是因為心智誤以為它是最有利的。」《自卑與超越：生命對你意味著什麼》，阿德勒（Alfred Adler），新北市，好人出版，2020 年。

　　這樣的心理狀態，同樣也能夠應用在其他的人際關係上，可能你一開始只是單純去運動拍個照打卡，結果卻招來其他人有心或是無意的回覆，或者是那些很惡意的留言（新聞底下常看到的那種）。

「下次穿深色褲子會比較顯瘦喔！」
「怎麼突然開始運動？變胖了吼！」

　　於是那些負面能量會慢慢累積在你的內心，你可能不會意識到，自己默默接受了他人干涉了你的課題。當一個人主權被侵犯的時候，他就會做出試圖奪回主權的動作，但大多數人都不是直接説：「我覺得您講這樣的話有點失禮。」而是用其他方式來宣示主權。

　　暴食，就是其中一種（其他像是精神官能症也是）。

　　人在感受到壓力時會想要進食，並不是吃東西能夠發洩，而是因為你無法控制不如意的事情不要發生，只能藉由吃東西來讓自己感受到，自己是有能力控制自己的。

感受到壓力時，請先釐清這件事情是否為你的課題，如果是，就勇敢奪回主權，直接請批評你身材的親友停止他們的言論，你的身材如何與他們無關。這可能會讓很多人覺得，回嗆長輩的行為很失禮，這種華人文化下的道德綁架，請直接用「**橫向關係**」與「**課題分離**」去破解。

講話太直接，長輩聽了不高興怎麼辦？

很抱歉，長輩的情緒問題，請長輩自己去克服。

我自己在為了準備比賽的減肥期間，若有朋友送食物來，是會被我直接拒絕的。如果對方因為我拒收食物而討厭我，絕對跟我減不減肥一點關係都沒有，是因為對方決定討厭我了。為了達到討厭我的這個目的，才找出「誰叫他踐踏我的好意！」這樣的理由。

「如果我們知道一個人的目標，便可以著手解釋與了解其心理現象要告訴我們什麼。」《阿德勒個體心理學》，亨氏・安斯巴可（Heinz L. Ansbacher），羅文娜・安斯巴可（Rowena R. Ansbacher）（編），臺北市，張老師出版，2017 年。

回到感受到壓力這樣的情緒變化，例如長官前一晚跟伴侶吵架，把自己的情緒帶到公司來，還殃及員工們，開會時把員工一個一個點名大罵一頓，而且是用很難聽的字眼來羞辱每一位同仁。

「這點事情都處理不好，我請你來幹嘛！」
「工讀生做得都比你好，你要不要改回領時薪算了？」
「你覺得你一個小時值多少錢？公司幹嘛要用你？」

沒有人被羞辱時還會感覺開心的，但是你要知道，你就是你，不是任何一個人口中或想像中的形象，你就算被罵垃圾，也不表示你是一個垃圾。只有當你自己把他人的課題（罵你垃圾）給接受了，你才會感覺到自己真的一點價值都沒有，就是個垃圾。

長官自己的情緒控管有問題，那是他自己的課題，你沒有必要承擔他人的課題，更不需要受他那些言語的影響。

臺灣的道路一天到晚在施工，施工時產生的噪音雖然讓人

聽起來很不舒服，但是你會因為道路施工太吵，然後感到自己一點價值都沒有嗎？

「一定是因為我是個垃圾，所以才一天到晚在我家門前鋪路，害我三天兩頭就得繞遠路上班……」

　　他人的情緒問題，那是他人的課題，就如同施工的道路一般，雖然很吵、很煩、很討厭，但你還是可以繞路，然後完成你原本該完成的事情。你不會因為道路施工無法走平常習慣的道路，就決定一整天都不要出門工作，所有行程統統取消，待在家裡頭直到道路施工完成吧！

　　沒有人有義務要去承擔他人的情緒，就算滿足不了別人對你的期待，造成別人的失望，他人因失望而產生的負面情緒，那也是他們得自己想辦法克服的，既非你的錯，也與你無關。

　　關於課題，請課題的主人自己處理。

覺得自己逐年退步，該怎麼接受自己？
——談自我認同

讀者來信：

花花您好，最近這一、兩個月我的負能量爆發，對自己、對生活、對理想都失去熱情，我一直不斷告訴自己要轉念、要堅持努力下去，我也嘗試跟別人訴說心情，或是看很多正能量的影片，但是不管我怎麼做，就是找不回之前那種熱情。

以前的壓力都是靠健身就可以紓解的，但最近連對健身好像也失去熱忱，我真的很討厭現在的自己。好想回到過去，過去那個為了理想努力而感到充實的自己，透過健身而充滿自信的自己，還有過去那發自內心的笑容。

花花，請問我該怎麼做，才能找回過去的自己？

花花回覆：

　　一直執著在過去，你只會越來越討厭自己，你會不斷拿現在的自己跟過去做比較，然後討厭現在的模樣，你會認為以前的你比較優秀，然後否定現在的自己。活著的是現在的你，可以做決定的也是現在的你，不是過去，或未來。

　　你不需要找回過去的自己，因為過去已經過去了，你能做的只有決定這一秒你想成為什麼樣子。跟過去的自己做比較既沒必要，也與跟他人做比較一樣不健康，因為每一個階段的自己都是獨一無二的，過去與現在的自己是完全不同的。

　　過去不會再回來，而未來的你會是如何，也不是現在的你需要煩惱的問題。你能夠做的只有把握當下，這一秒做好你該做的事，這樣就已經足夠，因為你在這一刻所做的決定，才會影響到未來的你會成為什麼模樣。

　　不要去執著於怎麼做才能回到過去的狀態，或糾結在現在這樣做的話結果會是如何。**學著去享受整個過程，而非找尋終點在何處。**

　　我們的人生都是一場走向死亡的長程旅行，不論旅途中

走向哪裡，或在何處停留了多久，所有人的終點都是同一個。差別只在於整個旅途中你經歷了些什麼，你快樂嗎？有沒有留下什麼遺憾？

把極端的自我要求比喻成是高鐵，隨興的自由活動是火車，讓自己當成一灘爛泥巴什麼都不要做則是走路。不論你選擇的是哪一種方式，都是同樣在前往死亡的旅途上，誰先誰後重要嗎？

或許走路與高鐵在行進的速度上會有很大的差距，但相對的，兩者能看見的風景也是完全不同。高鐵可以帶你快速抵達下一個中途點，但你卻會錯過許多只有步行才看得見的美好。

這一刻的自己充滿幹勁，那就當作是乘坐高鐵，快速抵達下一個中途點，像是獲得某項成就，或是完成某樣艱難的任務；這一刻的自己充滿負面情緒，什麼都不想做，那就當作是散步兼散心，放緩腳步的同時，也去看看搭乘高鐵時看不見的風景。

人生這趟旅途最重要的是在整個過程，旅行不是抵達目的地的那一刻，而是從踏出家門那一步起，旅行就已經開始了。

　　在還沒接觸到個體心理學之前,我也很常感到情緒低落,因為我對過去的自己感到悔恨,對未來的自己感到迷惘,對現在的自己感到厭惡。但我什麼事情都沒有做,因此什麼事情都不會改變,只要你決定改變後,一切都會跟著變。

　　光是你決定不再認為自己必須時時刻刻保持正面時,你就已經改變了。

不要開始就不會失敗
——談自卑情結

　　在還沒有開始學習個體心理學之前，我有很嚴重的社交障礙以及人群恐懼，這讓我無法正常的與人交際，甚至會下意識逃避與他人有所接觸的一切活動。而這要追溯起來的話，應該是在我國中時曾經發生的某件事。

　　當時我有一個很要好的朋友，她可以說是我上了國中之後第一個交到的好朋友，不論什麼事情我都以她為重。後來因為一些原因我們開始疏遠，但我仍舊把她當成我最要好的朋友，期待著她會像以前一樣找我聊天、找我玩。

　　某天她突然請我幫她傳遞交換日記，那是她與某位畢業的學姐一直以來的活動，但現在學姐已經畢業了，沒辦法在學校碰面，可是她會在我家附近搭校車，所以請我幫忙。我非常開心的答應了，因為我認為能夠幫助到她的話，我們之間的友誼也許就會恢復。

　　每一天，我都特地提早出門去幫她交換日記，然後用最快的速度騎腳踏車到學校，將信件轉交給朋友，看到她露出燦爛的笑容說謝謝我的幫忙，每一次我都覺得自己好幸福。

　　直到某次放學回家後，我忘記將口袋的信件拿出來，母親就直接把制服拿去洗了。我當下很怕會被朋友討厭，於是決定把濕透的信件小心的拆開，確認裡面的字是否還看得到，如果看得到，我就把信件交給學姐，並且跟朋友道歉不小心弄濕了。

「⋯⋯黃瑜萍本來就很機歪，有夠賤的⋯⋯」

　　上下寫了些什麼我已經不記得了，只記得有我的名字的這一排，她跟學姐在討論什麼我無從得知，也沒有勇氣詢問，我只知道看完信之後，將信件小心的折回去，確認完全看不出來被拆開過，然後把信件帶回去學校還給同學，並且告訴她以後無法再當她的郵差了。

　　從那次起，我就不再主動去認識新朋友了。

　　國中畢業後升上了高中，從開學一直到我休學的那段時間，我都沒有跟班上的任何一個同學說過話，我甚至連坐在鄰座的同學叫什麼名字都不曉得。出社會後，這樣的狀況還越來越嚴重，我完全無法融入團體生活，在需要與他人互動的職場上，我感到非常的痛苦。

　　其實我並非不想認識新朋友，只是我不敢主動開口，我害怕主動建立關係，最後卻換來了朋友對我的背叛，只要別去認識新朋友，就不會發生背叛的問題了。

　　小時候我們可能多多少少碰過這樣的狀況，明明很努力準備考試，結果最後成績卻不理想，而且師長們也沒有給予適當的鼓勵，甚至加以指責這樣的狀況。

「這一題怎麼會寫錯？」
「這一題你明明就會的啊！」
「你怎麼這麼粗心？」
「難道寫完考卷都沒有再檢查一次嗎？」

　　沒有人知道，可能你在考試的時候真的太緊張了；可能你太認真去研究題目，卻反而被題目給誤導；你可能有很多很多的原因，造成某一道大家都覺得你應該要會的題目答錯。

　　你沒有不努力，你明明就很努力了，但是周遭的人給你的反應卻全都在否定你，你不夠努力，你根本沒有努力！

　　於是你開始習慣放棄努力，不論是面對考試或是人生的種種課題，只要沒有絕對把握能成功的，你一概放棄。然後告訴自己：「反正註定會失敗啊！那又何必開始？」

> 「我們每個人都有不同程度的自卑感，因為我們都想讓自己更優秀，讓自己過更好的生活。」《自卑與超越：生命對你意味著什麼》，阿德勒（Alfred Adler），新北市，好人出版，2020 年。

　　自卑感是人的天性，因為人類有「**追求卓越**」的本能，正因為這樣的本能，才讓人類與其他動物不同。健康的自卑感應該是認為自己還能夠更好，進而積極找方式，去讓自己變得更加接近理想中的自己；不健康的自卑感則是將自己與他人

比較，或是過度理想化自己想像中的形象，進而對現實中的自己失去信心並且放棄努力，這樣的心態我們稱之為「自卑情結」。

幼時的成長環境，會將我們塑造成傾向於自卑感，或是自卑情結的人格。若是我們從小就在比較、批評、責備、稱讚、溺愛、冷漠的環境下長大，就很容易會演變成自卑情結，一旦形成了自卑情結的性格，遇到沒有把握能夠解決的問題時，就會下意識選擇逃避。

在個體心理學中，很少會用「性格」一詞。性格給人一種根深蒂固、無法改變的意味，阿德勒傾向於將一個人面對問題時下意識採取的態度稱作「人生型態」，每個人都有能力去改變自己的人生型態。

改變意味著未知的可能性，而有自卑情結的人，正是因為害怕未知的結果而採取逃避，若是無法明白這個道理，很少會有人主動去改變自己的人生型態。

我希望閱讀本篇文章的每位朋友都要明白，每個人都會有自卑感，只要每一次都勇敢去找出方法克服困難，就能擺脫自卑情結，進而有效利用自卑感，讓自己更加卓越。

同時也要明白，人追求卓越不會是也不應該是建立在與他人競爭之下，假如你努力是為了想證明自己比他人優秀，那麼你始終沒有擺脫自卑情結。為了使現實中的自己更加接近理想中的自己，因此製造出自卑感促使自己努力，這才是健康的追求卓越。

努力雖然不一定會成功，但過程絕對不會是做白工，不論結果是否為自己想要的，只要努力到最後一刻，都一定會有收穫。

因為學習個體心理學的關係，我才明白自己並非有社交障礙才無法交友，而是為了不要交朋友才讓自己有社交障礙。或許我主動踏出第一步，最後仍然無法與對方建立出深厚的友誼，但不表示每個人都會像國中好友一樣傷害我。

要不要主動向他人釋出善意的選擇權在我，而對方要如何回應，則是他人的課題，我不需要去煩惱別人是否會像我一樣友善的對我。

不論是做任何事，最該考慮的不應該是「會成功我才要做」，而是「不論成功與否我都全力以赴」。

討厭現在的自己，但不知道怎麼改變
──談勇氣

　　人天生有一種本能，就是希望自己能夠不斷進步，個體心理學將它稱之為「追求卓越」，因此人生來就具有「自卑感」。

　　自卑感是人追求卓越的一種正向動力，健康的自卑感是將「現實中的自己」與「理想中的自己」比較後產生的心態，為了讓現實中的自己更接近理想中的自己，而不斷的付出努力。

　　不健康的自卑感則是與他人相互比較後，認為自己不如他人，這樣的心態稱之為「自卑情結」。身為獨立的個體，在於「存在」的這一層價值上，每一個人都是平等的，沒有優劣之分。

> 「兒童的發展既不是天賦決定的，也不是客觀環境決定的。兒童自己對於外在現實以及他與外在現實的關係的看法，才決定了兒童的發展。」《阿德勒心理學講義2：

兒童的人格教育》，阿德勒（Alfred Adler），臺北市，
經濟新潮社出版，2018 年。

　　不恰當的教育方式，讓人在成長的過程中，慢慢建立起
與他人相互比較的價值觀，讓原本該是橫向（平等）關係的彼
此，變成了縱向（上與下）的關係。

　　自認處在上方的人會有不健康的優越感，認為自己的能力
或地位高人一等。自認處在下方的人，消極的做法是會有容易
依附他人、以肯定自己價值的卑微感；積極的做法則是更加放
大自己認為不如人的地方，透過放大自己的缺點來強調自身的
獨特性。

　　求學過程中的每一個班級裡，一定會有成績較高與較低的
孩子，若是在這個團體中無法建立一個橫向（平等）關係的風
氣，孩子與孩子之間就會產生比較與競爭。

　　平均成績較高的孩子會處在上位，而平均成績較低的孩子
則在下位；處在下位的孩子，消極的做法是去討好那些成績高
的孩子，希望成績高的孩子能夠認同他們，如此一來，他們才
能夠認同自己。而積極的孩子則是知道自己的成績贏不過那些

成績高的孩子，乾脆就讓自己的成績變得更差，藉此來獲得大人的關注。

　　成績變得更差並不會獲得讚賞，但是老師可能會在課堂上花很多時間訓話或是開示，父母也會急著想幫孩子提高成績表現，此時的孩子會感受到自己是高人一等的，因為大家都在關注他。

　　離開校園之後，到了職場也會有同樣情形，例如不滿意自己的工作，明明就很想要轉換跑道，但總是停留在只有這樣的想法，從未實際付出過行動。

　　這樣的心態就好比積極的孩子知道自己不如他人，但又害怕自己努力了還是輸給對方，與其這樣倒不如不要開始，好讓自己可以一直用「只要我願意，其實我會做得比他好！」這樣的話去欺騙自己，讓自己感受到高人一等。

　　因此，為了達到不去改變的目的，就會產生「沒有動力開始」這樣的念頭，讓你不願意開始的原因，其實是你還沒準備好接受與面對當結果不如預期時，你可能會遇到的狀況。

　　例如換成自己感興趣的工作，收入卻沒有原本的高；喜歡

的工作有相關學歷的要求，必須重新回到校園；換了新的工作後，反而比原本更辛苦或是表現更糟等等。

你沒有準備好，是因為你沒有將自己與他人擺放在「橫向關係」當中，你的自卑情結讓你認為自己不如他人。

這邊所指的「他人」，不一定是某個特定的人物，很多時候都是自己想像出來的虛構形象。你永遠都覺得自己的能力比某個人更差，永遠都覺得自己追趕不上某個人。

你必須先能夠將自己與他人放在橫向關係上，要清楚知道自己與世界上的任何一個人無從比較，因為你們是完全不一樣的個體。即使世界上有個人跟你同一時間轉換跑道了，結果你做得比他更好，這也不代表你比他優秀；同樣的，即使你在這過程中遇到挫折，也不能說你比較無能。

你能夠做的只有在下定決心後，不管遇到任何問題都試著去思考解決之道，而非只是逃避，不論你正在做任何事，過程中都不應該與他人比較。不論結果為何，都不能用來評價你的價值高低。

你必須先有「**認同自己**」的勇氣，接受現階段的你與理想

中的你還有一段落差，你還有空間能努力讓自己更接近理想中的自己。

當你能夠不再與他人競爭，而是一心想著要如何更接近理想中的自己時，就不會再有「提不起勁」這樣的感覺。使你真正害怕改變的原因已經排除掉了，因此你也不會再去擔心結果會是如何，你只會努力在每一天你能夠做的事情上面。

找不到自己存在的價值
——談歸屬感

在過去十多年的躁鬱症期間，困擾我最大的問題，就是對自己的不認同，姑且先不論那種「肥胖」、「臉太大」、「鼻子很塌」、「聲音低沉沒有女人味」、「學歷低」、「全身布滿妊娠紋」之類膚淺的層面，我對於自己的「存在」也無法認同。

我不知道自己活著到底是為了什麼。

躁鬱症的那一段時間，我與父母、孩子的關係並不如現在親密，因為離婚的關係，孩子是由前夫照顧，北上工作的我則定期探視孩子，同時也去看父母。

但每一次返回南部都很不愉快，我總是無法如期見到孩子，只要我一回南部，前夫家裡就會有各種理由，像是孩子被帶去上教會了、去喝喜酒了、去串門子了……，總之就是不讓我見到兩個兒子。

因為假期時間很短，我除了留在部落空等，直到他們願意讓我見小孩之外，就只能夠回高雄探視我的父母，放棄這一趟回南部看小孩的機會。前夫總會趁機落井下石，說我看不到孩子也無所謂，反正孩子們也根本不想見我，他們恨死我這個自私的母親了，最好永遠都不要出現在他們面前。

我與父母之間的摩擦也很多，習慣情緒勒索的母親與總是嘲諷羞辱我的父親，我不知道該如何跟他們好好相處，每一次的見面，都讓我覺得回南部看他們兩老的決定，根本是在作賤自己。我努力的想要修復彼此之間的關係，但是他們的態度總讓我覺得，他們早就已經當我死了。

最後，我多半都是在見不到孩子，並且與父母親大吼大叫之下，結束短暫的兩天假期，返回臺北。

在職場上，我也就只是個小小的健身房櫃檯，而且做得糟透了，時不時會被反應臉太臭，沒有保持微笑怎麼當公司的門面，像我這樣的爛員工，任誰都能輕易取代我的位置。無法融入團體的我，跟同事們之間也很疏遠，就算我被解雇了，大概也不會有人為此感到遺憾吧！

曾經以為男友可以成為我的依靠，但在交往後的信任問題

與價值觀上的差異，我們在相處上幾乎沒有一天不吵架。若不是我自己每一次在鬧分手後，又會哭著拜託他別離開我，我想他早已經有更好的對象在身邊了。

工作、家庭、愛情之中，沒有一處有我的容身之處，光是活著都覺得占用了其他人呼吸的權利，尋死的念頭每一天都充斥在我的腦海中，就差沒有實際付諸行動而已。

一直到接觸了個體心理學之後才明白，我一直都是以「產能」來衡量自己的價值。我所做的每一件事情，都是可以換成其他人來做的，因此我才會認為自己根本不配活著，反正任誰都能夠輕易就取代我，即使我消失了，對這個世界也不會造成任何的影響。

然而在個體心理學中，一個人的價值不是建立在能做到的事情有多少，而是自己的存在是否能夠為他人帶來貢獻。在這裡的貢獻，並非是指捨身為人或是當志工、捐款給弱勢那一類的事情，而是是否能夠讓他人感受到「有你真好」。

研究個體心理學的岸見一郎老師，在他的著作《我只是敢和別人不一樣》當中，提到一個他自身的故事。

　　他的父親原本每次打電話來，都只會有氣無力跟他抱怨身體狀況越來越差、大概就快死了，後來岸見老師因為心肌梗塞而住進醫院，在住院期間接到父親的電話時，他發現父親的聲音突然變得中氣十足，好像父親根本沒生過病似的。

　　岸見老師說，也許在他生病的那一段時間，激發了父親想照顧兒子的念頭，才讓父親忘記了自身病痛，一心只想著要關心孩子。

　　在這樣的一件事情當中，父親能夠感受到自己的貢獻感，因為覺得年邁的自己，總算有能力能夠為孩子做點什麼了，而岸見老師同時也感受到，原來生病的自己、什麼都無法做的自己，也能夠幫助父親變得更有活力。

　　用產能來評估自己的價值，是一件很可怕的事情，因為一旦年老、生病，或甚至是出現其他會做跟你一樣的事情、而且還做得比你更好的人時，你就會失去價值。

　　我想這也是為什麼科技越發達，罹患精神官能症的人卻越來越多的原因。太多原本屬於自己的專業，逐漸都被科技取代，自己靠數十年練就的一身工夫，機器只要幾分鐘就能做得比你更快、更好。

「當人感覺到自己對他人有貢獻時，會認為自己是有價值的。也唯有認為自己有價值時，才會具有建立人際關係的勇氣。」《我只是敢和別人不一樣：自我啟發之父阿德勒的勇氣學》，岸見一郎，臺北市，今周刊出版，2016 年。

一個人的價值不應該建立在產能上，同時也不應該尋求他人的認同，來建立自己的信心，而是積極的去尋找自己能做的事情是什麼，接納自己原本以為是缺陷的部分。重點不在你被「賦予什麼」，而是你「如何運用」。

舉岸見老師的例子來說，心肌梗塞並非他自己選擇的，但是他就是心肌梗塞了。心肌梗塞後必須住院與復健，這就是一個無法改變的事實，如何運用這個事實，便是由自己決定。他可以選擇自暴自棄，喝農藥死一死算了，或是接受他人的關心與祝福，並且同時從中感受貢獻感。

2018 年的暑假前後，我開始撰寫個體心理學相關文章，由於跟原本的定位「健身部落客」實在是差太多了，導致粉絲專頁爆發了一陣非常嚴重的退讚潮。

個體心理學是很小眾的主題，而且又不像一般正能量心理學那樣，可以帶給人們小確幸。個體心理學總會往你心裡最脆弱的那一塊重擊，承受得了的可能會逐漸變好，但是承受不了的就默默取消追蹤了。

當時發文幾乎都沒有什麼人回應，觸及人數也是少得可憐。這段期間我也曾經迷惘過，想過自己是不是應該要乖乖寫健身文這種主流且接受度高的文章就好。

然而總會有粉絲在我掙扎之餘來信鼓勵我，他們告訴我，因為看了我的文章而產生了勇氣，他們說當自己又想逃避問題時，感覺能夠從我的文章裡得到力量，他們說我的文章療癒了他們⋯⋯

因此我才能夠一直不斷寫下去，我在寫作的過程中，找到了屬於我的貢獻感。有沒有實際幫助到別人倒不是最重要的，而是我打從心底認為，我的文章能夠幫助到別人，我正在做的事情是非常有意義的，這就是讓我不再想去自殺的最大原因。

所以我希望看到這邊的各位，也能夠放下對自己的負面評價，把目光轉移到「**貢獻他人**」上面，當你感受到自己有能力幫助別人的時候，就會找到活下去的動力。

你不需要做很了不起的事情才能貢獻他人，只要有想要為他人付出的心意，你所做的任何一件小事，就是最了不起的大事了。

人為什麼會相信算命——談自我認同

　　2016 年，我的躁鬱症逐漸加重的期間，前男友帶我去給一位老師算命，我給了他名字與生辰八字後，只見老師眉頭深鎖，然後問我是否有過婚姻。

　　「果然……唉……」

　　老師長嘆了口氣，他說我的命格註定不會有任何的親情，包括父母、兒女、伴侶，我這一生註定只能孤獨老死，永遠都沒辦法跟家人有更緊密的連結。我對父母與兒子們所做的努力，都只是白費工夫，不是我做得不夠多，而是我沒有親情命。

　　這個老師到底是人生有多麼不順，才能夠這樣泰然自若的對一個陌生人講出這麼令人絕望的話？

　　但是當時的我，完全相信了老師所說的一切。

　　2015 年離婚後，孩子的監護權歸前夫，我與孩子們臺北、

屏東分隔兩地。經濟拮据的我，無法時常去探視孩子，總要省吃儉用兩、三個月，才能湊到往返的車資、住宿費與那兩天的餐費。

然而我雖然擁有孩子的探視權，但總得兩、三個月才能見上一面。儘管每次總會提前幾週告知前夫我會回去，但每一次回去探望孩子都是撲空。

回到屏東聯絡不到前夫是常態，就算是聯絡上了，他也有許多的理由讓我見不到孩子。

「我不想看到你。」

小兒子尚宇別過頭去，正眼都不看我一眼。

好不容易見到了朝思暮想的孩子們，兩兄弟看我的眼神中卻只有滿滿的冷漠，絲毫沒有一絲期待見到我的模樣。

我不在他們身邊的期間，前夫家庭裡的人給予孩子們什麼樣的說詞，我無從查證起，只能從當時才四歲大的小兒子口中聽見他說：「姑媽說你很自私，你不要我們了。」

「早就叫你不要搬去臺北，天底下哪有那麼好的事情，一

天到晚在那邊做白日夢，做人要腳踏實地，不要整天想空想縫（siūnn-khang-siūnn-phāng）啦！」

　　既然見不到孩子，我只好返回高雄娘家探視爸媽，但卻總是得到爸媽的冷嘲熱諷與種種否定，每一次見面都是在口角爭執中不歡而散的。

　　每一次我都告訴自己，就當作沒有他們這對父母吧！反正我一直都是一個人活過來的不是嗎？

「命理老師說的話好像是真的。」

　　從小到大不管我怎麼努力，爹娘眼中似乎都沒有我，哥哥就像是他們的獨生子一樣，而我只是個家裡的廉價擺飾。前夫總是叫我不要去看小孩，因為孩子們恨我，恨我丟下他們，自己留在臺北爽，不是他不讓我看小孩，而是孩子們不想見我。

「命中缺親情，所以跟家人都不親，算命師說中了。」（因果論）
「為了相信算命師所說的，所以只看見自己與家人不親的那一部分。」（目的論）

　　雖然我的父母不善言辭，對待我的態度也是相當冷漠，然而他們卻還是將毫無血緣關係的我拉拔到大。雖然他們時常對我口出惡言，童年期間的體罰更是沒有停止過，但他們卻沒有讓我餓到任何一頓。

　　童年時期，他們也沒有放任生病期間的我於不顧，母親會在我生病發燒的期間，請假在家照顧我，而她是個為了賺錢只會自願加班、絕對不會隨意請假的人。

　　我的兒子們雖然見面時態度會很冷淡，但是每次只要前夫不在視線內，他們就會恢復熱情，搶著要抱抱親親，搶著要我聽他們說話。

　　然而這一切一切，在我聽見算命師說出來的話時，卻一點也想不起來。

> 「無論焦慮或勇敢、愉悅或悲哀，情感總是與個人的生命風格一致。」《自卑與超越：生命對你意味著什麼》，阿德勒（Alfred Adler），新北市，好人出版，2020 年。

當時的我，面對人生的態度就是覺得自己很慘，有著不光彩的過去、罹患精神疾病時常失控，我的人生滿滿都是失敗。

因為這樣的生命風格，因此不論看見什麼事情，都會往負面的方向去想。我的目的就是要證明自己很慘，若是想起人生經歷中美好的一面，就無法繼續相信自己的人生糟透了。

躁鬱症期間的我，聽完算命師這一番言論後，完全失去了活下去的動力。既然再怎麼努力，也改善不了親子之間的關係，這個世界上根本沒有人會因為我活著而開心，那麼我到底為什麼要活得這麼辛苦？

「因為就算努力也沒用，所以放棄自己吧！」（因果論）
「不想努力，所以必須相信努力是沒用的。」（目的論）

　　我在 2018 年開始研究個體心理學，並且實踐在對待父母與兒子身上後逐漸看見了變化。

　　我的父母慢慢學會尊重我的個人意志，不再輕易的潑我冷水與否定我的理想；我與孩子們所聊的話題，也比過去更加深入，我站在與他們同樣的高度，傾聽著他們說的每一句話，給予他們正面的支持與鼓勵，但不讚美他們，也不要求他們。

　　過去只會不斷跟我說想吃什麼、想玩什麼、想買什麼的兒子，漸漸會對我講一些關於他們自己的隱私，有些事情甚至連與他們朝夕相處的父親都不知道。

　　我能夠明顯感受到自己與家人之間情感上的變化，而這些並非憑空而來的改變，而是我選擇了「不論他們最後怎麼回應我，我都要持續努力修復我們之間的關係」。

　　「如果一個家長已經習慣了用嚴厲的言詞和表情來摧毀孩子的自信，那麼他很難在十年之後突然改換成一種友善、慈愛的態度和方式。值得注意的是，即使這位父親突然改換了一種態度，他的孩子一開始也不會認為這種變化是真實且真誠的。他會認為這是一種權宜之計，他

> 需要很長的時間，才會相信父親的這種態度轉變。」《阿德勒心理學講義 2：兒童的人格教育》，阿德勒（Alfred Adler），臺北市，經濟新潮社出版，2018 年。

當我開始以「不在乎結果如何」為前提的情況下努力時，父母與兒子們即便不領情或是絲毫不為所動，也不會再讓我感到失望。因為我的目的並不是為了看到他們改變而愛他們，而是為了愛他們才改變我自己。

兩個人的相處，如果一直在等對方先改變，自己才要有所改變，往往就只會朝越來越糟的方向前進。因此如果重視這段關係，就讓自己成為先改變的那個人吧！

當我的目的改變了之後，再回過頭來看命理老師對我說過的那番話，也就有了不一樣的見解。

過去的我會認為，自己的一切遭遇都是命中註定的，就算做再多也沒有辦法扭轉自己的命運。而現在則是會為了改變當下的狀況，盡可能的去努力，如果一分的努力還不夠的話，試試看努力十分？試試看努力一百分？

　　我可以選擇相信命理老師所說的，並且因為相信自己在親情上的不足，而做出更多的努力；但我若是因為相信了命理老師所說的，於是放棄了自己的一切感情，那麼我終究只是透過迷信，讓自己逃避該面對的課題罷了。

　　選擇相信算命結果且認命的人，只是因為缺少了改變自己人生的勇氣。

與**伴侶**的課題

「幸福」對大多數的人來說，大概就是能夠跟相愛的人廝守到老。

這樣的價值觀，可能是受到了我們從小到大所接觸到的文化與教育影響，小時候看的童話故事，多半都是以「王子和公主從此過著幸福快樂的日子」為結局，因此愛情被視為幸福的鑰匙，必須取得這把鑰匙，才能夠開啟通往幸福的大門。

許多人在單身時活潑開朗，戀愛之後反而變得鬱鬱寡歡，如果戀愛是獲得幸福的門檻，為什麼許多人在愛情中卻一點都不快樂？

愛情，其實也是眾多人際關係中的其中一項而已，但許多人會把愛情視為某種更特別的存在，因此對於愛情有太多不該有的期待。

一旦發覺愛情跟友情、親情在本質上並無差異時，就會認為這不是自己要的愛情，並且不斷發現自己在這一段感情中的問題，於是有了分手的念頭。

筆者聽過不少愛情長跑最後和平分手的例子，分手的理由幾乎都是感覺彼此更像是家人，已經沒有了熱戀期間的那種激

情；也聽過不少因為無法忍受伴侶的某些行為，在忍無可忍的
情況之下，只能夠選擇分手；或是在感情中缺乏安全感，時時
刻刻想要確認對方一舉一動的控制狂伴侶。

> 「只有每一方都比關心自己更關心對方，雙方才能相互
> 平等。……（中略）……在合作關係中，是不可能讓一
> 個伴侶接受從屬的地位的。如果其中一方想要支配或者
> 強迫另一方順從，這兩個人就不可能快樂的生活在一
> 起。」《自卑與超越：生命對你意味著什麼》，阿德勒
> （Alfred Adler），新北市，好人出版，2020 年。

在個體心理學當中，伴侶之間的相處其實跟家人、跟朋
友、跟任何一個人並無差異，因為個體心理學的橫向關係當
中，並沒有為每一個人做區分，在同為「生命」的這一層價值，
每一個人都是平等的。

我們很少會為了與自己沒有交集的陌生人而煩惱，因為
與陌生人之間，不太有機會去干涉彼此的課題。但伴侶間的關
係是非常緊密的，在彼此的生活中有大量重疊的部分，也因此

經常會一不小心就踩入對方的課題，或是讓對方侵犯到自己的課題。

伴侶之間的煩惱，也跟多數的人際關係煩惱一樣，都只是「為什麼他要這樣對我」或是「為什麼他都不聽我的」的問題。同樣的，解決伴侶之間的問題，跟解決其他人際關係的課題一樣，只要做好課題分離，就能處理大多數的問題。

但是伴侶不同於其他人際關係，若只是普通朋友還能夠說散就散，伴侶就沒有辦法那麼輕易說分手就分手。害怕孤獨是人的天性，愛情是所有的人際關係當中，唯一能夠長時間陪伴自己的，也因此，人會對愛情產生依戀，即便在這一段感情中不快樂，也很難當機立斷離開這段感情。

但與其說是捨不得放下這一段感情，很多時候人往往都是害怕結束這段感情之後，要重新面對孤獨以及不再被認同的那種邊緣感。個體在成長的過程中，若沒有習得自我認同，就會變成往他人身上尋求。

童年期間，會在父母與其他長輩身上索取，長大後則是轉往朋友或是伴侶，而在伴侶身上又是最容易獲得認同感的，伴侶容易會讓自己產生錯誤的認知：有人愛我，所以我是值得

被愛的。

　　一旦認為自己必須有人愛才有價值時，即使在一段感情中受挫了，也無法果斷離開，因為離開代表的就是自己會失去價值，自己是沒人要的。

　　接下來筆者會以自身以及讀者的經驗，分享透過個體心理學去經營自己的戀愛關係，若是在閱讀本篇時，感覺難以理解，可以重新回到上一個章節，重新閱讀一次關於「**自我認同**」的問題。

如何經營遠距離戀愛？

讀者來信：

花花您好，我與男友是遠距離戀愛，交往一年多一點點，他是我第一個男友。在一起的這些日子以來，我們從未大吵過，有的也都只是當天解決的小爭執而已。

他最近去受公務人員基礎訓練，不知道是不是因為見面次數減少的緣故，感覺我們的關係變得疏離了。除了訊息很少回覆外，也常常會有答非所問的狀況，感覺他對我的態度跟以前差很多。

我們交往一週年當天，他沒有任何表示，前幾天聖誕節是他受訓的最後一天，也沒有提前告知這個星期會不會見面，甚至聖誕節當天，就連一句聖誕快樂都沒有。

這幾週來，我已經萌生了不下一百次分手的念頭，雖然他好像有感覺到我不開心，但也沒有要安慰我的意思，

還不斷傳些我很討厭的敷衍貼圖來。他是自己一個人也能過得很好的男人，也很有上進心，可能我的存在耽誤了他吧？

唉！我也想要一個香吉士。（註：香吉士為筆者穩定交往的男友。）

花花回覆：

遠距離戀情是許多伴侶最後分手的理由，但其實分手的理由並不是因為距離，而是彼此已經不想再繼續維繫這段感情。從您的敘述中來看，沒有積極維繫這段感情的不是只有男友，其實您也有想結束這段感情的念頭。

若遠距離是分手的原因，那麼在交往之前知道彼此會是遠距離戀愛時，這段感情就不可能會開始了。當彼此都有共同的目標，不論如何都希望能夠交往時，那麼距離就不會是阻礙，因為目的是要在一起，所以遇到問題都能夠想出克服的方式。

這也是最初你們能夠成為情侶的原因吧！

在個體心理學的目的論中，不會說是因為男友變得冷淡，使您想要分手，而是因為您想要分手，所以才會不斷發現這段感情中使您不滿的地方。

您在文末說到想要一個香吉士，其實這世界上沒有人是完美的，香吉士也一樣，這世上不會有完美無缺的人。我們交往的這兩年來，香吉士也會因為自己私人因素擺臭臉，或是對我不耐煩，而餐廳的雜事或是家人給他的壓力等等，也都會讓他在不自覺的情況下，將情緒帶到我身上。

但是個體心理學讓我明白，他的情緒是他自己要去承擔的問題，他的餐廳發生什麼事情，不是我能控制也不是我造成的。餐廳遇到的狀況真的很教人生氣我可以理解，但是我沒有義務得去承擔他的情緒問題。

所以我多半不會把他的態度放在心上，我知道他工作很累，而且他的態度並非在針對我，因此我通常都會非常明確的表示，請他休息一會兒，等情緒平穩一點後想說話我們再聊。

同樣的，我自己的情緒問題也是我得自己想辦法解決，而不是他要來替我解決的。在他的粉專人氣甫上升時，我也曾擔心過他會不會跟前男友一樣，被突如其來的人氣給沖昏了頭，

開始自我感覺良好起來，甚至跟粉絲過度的曖昧。

　　但吃醋而產生的負面情緒並不是他的錯，我有很坦白的向他表示過，他回覆粉絲的用詞有時候太不正經，我會覺得滿不舒服的。但那是我個人的感受問題，若他認為這樣的回覆沒有不妥，那麼就沒有必要因為我覺得不舒服，而強迫自己去改變。

　　只要我的目的是「希望能夠繼續跟他交往」，我就不會執著在「沒辦法接受這樣的行為」，而是會「想辦法接受這樣的行為」。唯有當我不想跟他再繼續走下去了，才會認為自己「不管怎麼努力，都無法接受他這樣的行為」。

　　我們在交往初期，彼此還會有點戰戰兢兢，怕踩到對方的地雷，但正是因為我們不論是什麼樣的感受，不論實話說出口對方是不是會受傷或感覺不舒服，我們很清楚，若要能夠持續走下去，彼此之間就不該有任何的忍讓或是委曲求全。

　　感情中沒有任何一方應該低頭，而是彼此透過溝通去找出平衡點。在不需要委曲求全的情況下，做出雙方都能夠接受的最低限度改變，這就是磨合。

香吉士並非沒有缺點，只是因為我的目的是「希望繼續跟他在一起」，那麼我自然就能夠找到方式去接受他的缺點，我甚至不會稱之為缺點，那些是屬於他的個人特質。

無法忍受所以分手，從目的論來看，其實應該解釋為「不想繼續在一起，所以無法忍受」。

我不會給您應該分手或是繼續交往的建議，因為這是屬於您自己的人生，伴侶應該是要能夠互相扶持與成長，若是在交往後讓自己變得更不快樂、更容易疑神疑鬼、更加自卑與憂鬱，經過溝通也無任何改善的話，或許該重新去思考，伴侶之於自己，究竟應該是一個怎樣的存在？

男友出軌多次，我已經三十歲了，該分手嗎？

讀者來信：

花花你好，我在與男友交往期間，多次發現他與某位女性的曖昧對話，坦白說，那些內容真的讓我很受傷。他有向我道歉，並且保證不會再犯，但是後續依然繼續跟那個女生聯絡。

為了不讓我看到內容，他每一次都會把訊息刪掉，甚至連相簿中的照片也刪掉。我們經常為了這件事情吵架，但他總是拿「他有他的交友空間」，或者「只是聊聊天而已又沒有上床」要我閉嘴。

他說我太限制他，讓他覺得自己一點隱私都沒有，我覺得自己真的沒辦法繼續跟他走下去，所以提出分手，但最後在他苦苦哀求下沒有分。最讓我心灰意冷的是，他當天還傳訊息給對方說很想她……

雖然我們一直為了這件事情吵架，但是男友依舊沒有跟
那個女生斷掉聯繫。然而男友除了這一點讓我無法接受
以外，其他部分的表現都很好。

他說他跟那個女生沒有怎樣，叫我不要想太多，我現在
已經三十歲了，也很怕分手後就沒辦法再找到更好的對
象，我該為了維繫這段感情繼續忍耐嗎？

花花回覆：

我在上一段感情中，也曾經歷過一些沒辦法接受的狀況，
雖然沒有到出軌那樣的程度，但是對我而言也已經夠嚴重了。
（其實我不太懂出軌的定義標準在哪裡，只要沒上床就不算出
軌嗎？）

我們也是一天到晚為了他跟別人曖昧的問題吵架，每次吵
完就是男友負氣離家，而我不斷傳訊息向他道歉。他始終表示
自己沒有對不起我，而我總是先道歉的那一個，並且承認我們
會吵架，全都是我的錯，錯在我不夠信任他。

就這樣彼此都不快樂，日復一日也交往了快三年。

　　我在分手的前一年開始學習個體心理學，我學著與身邊的人做好課題分離，練習的對象也包括當時的男友。藉由個體心理學帶給我的影響，我曾經努力過，希望能與男友好好溝通，彼此找出一個平衡點，但他口頭雖然表示同意，私下行動卻依舊故我。

　　所以最後我終於果斷表示：「這次讓我們真的分手吧！」

　　每一段感情一定都會有帶給自己快樂的時候，但自己是否有辦法帶著那些為數不多的快樂與大多數的不快樂，一起共同走完下半生，才是需要認真思考的問題。

　　當時男友雖然有挽留，也有向我道歉，但是若他真的有打算改變，不應該等到我心意已決時，才急忙表示他願意改。那種「不到黃河心不死」的心態，即使當下有所改變了，當確定我不再繼續跟他談分手時，很容易又會故態復萌。

　　就課題分離來看，不能接受他與其他女生曖昧，這是我自己的問題，並不是他的錯。一定有其他人能夠接受不上床就可以任意曖昧的交往形式，但我知道自己不行，所以這不是他需要改變的問題，而是我願不願意改變的問題。

以目的論來看，如果我想繼續跟他走下去，就一定能找到克服的方式。

我一直以為，過去自己是因為愛他所以捨不得分手，直到後來我才知道，自己是因為過度自卑而不敢分手。我害怕自己的年紀、家世背景、過去的經歷以及我的精神疾病，會使我在分手後無法再找到能夠接受我的人。

直到透過學習個體心理學後，我明白自己存在的價值，並不需要靠擁有伴侶才能證明。有個人陪當然很好，但我一個人也能夠過得很自在，我不需要為了誰而委曲求全，伴侶應該是能夠使彼此變成更成熟、更強大的人。

若是沒有遇到這樣的伴侶，那麼我寧可一個人。

我知道自己在單身的時候，也不會虛度光陰，我能夠趁著這段感情的空窗期自我成長，當我變成一個比原本更好的人時，就一定能夠遇到更好的對象，因為身處在什麼位置，就會吸引什麼樣的人靠近自己。

許多女孩子會把婚姻視為人生必須達成的目標，因此在「適婚年齡」時，就開始胡亂找對象，把自己推銷出去，但我

們並不是商品，所以不需要擔心滯銷。如果真的想把自己當成商品，那麼請把自己當成是烈酒，我們的價值只會隨著年月增長越來越高，風味也會越來越美好。

把陳酒當成啤酒在牛飲的，只會踐踏酒的價值；懂陳酒的人，自然就會帶回家珍藏。

感情中很沒安全感，會一直懷疑
對方出軌怎麼辦？

讀者來信：

花花你好，我因為缺乏安全感的關係，會一直向交往六年多的男友抱怨，像是整天忙工作，都沒時間陪我或是冷落我。

每一次吵架我都會問他，是不是有其他喜歡的對象、是不是沒那麼愛我了、為什麼都不關心我、為什麼我都感覺不到你愛我，我在對他的用詞上，經常會出現很多情緒性的字眼。

因為我們經常分分合合，他家人也很反對我們在一起。前陣子男友說，他對我的愛已經被磨光，現在也無心談感情，只想專心衝事業，希望我們可以分手。

我很努力的讓自己冷靜，試著不帶情緒跟男友溝通和相

處，但是男友說現在對我只有像朋友一樣，請問我要怎麼做才可以讓男友回心轉意呢？

花花回覆：

你的狀況跟以前的我根本一模一樣，而且男友面對這樣的你，還願意跟你在一起六年，這表示在他的心中，你有一定的分量，因此即使面對你的控制欲，他還是選擇了繼續跟你在一起。

我會給你幾個建議：

一、課題分離

男友暗示想分手，固然很令人難受，能挽回當然是最好的，可是你也必須明白，不論你接下來要怎麼做，最後做決定的都是男友，你無法去控制他的決定。

就算你用很激烈的手段逼迫他繼續跟你交往，那麼你也只是留住了他的人，你們的心只會越來越遠。因此，不要去試圖逼迫、誘使或是利用各種手段，讓男友做出他不想做的決定，

即使他有可能最後還是決定要分開，你仍然必須把決定權交給他。

而這也是讓他明白，你真的想挽回這段感情，你明白你們之間的問題出在哪裡，你也願意為這段感情做出改變。你不會再去控制他，也不會讓他在這段感情中，繼續感覺自己被逼到快要窒息。

二、接納自己與信任他人

你會沒有安全感，不是因為男友忙於工作沒時間陪你，也不是男友可能會有其他喜歡的對象，而是你無法相信以自己的條件，竟然會有人願意完全的接受你，你甚至可能會想：「我的某些缺點要是被他知道了，我就會被討厭，我一定會被他拋棄。他現在喜歡我、跟我在一起，是因為這些缺點還沒被他發現的關係！」

但一個人若是決定要離開你，絕對不會是因為你的缺點或是你做了什麼，而是他「決定要離開你」。找出兩人合不來的證據，其實就只是為了合理化自己的行為，用來達到目的所採

用的一種手段罷了。

　　同樣的，你會一直去逼問他是不是不愛你了、是不是有喜歡的人了，這也是因為你有了想要結束這段關係的目的。因此「懷疑他」就是你為了達到目的所使用的手段，當一個人的目的是要證明彼此不適合時，就會有發現不完的證據可以使用。

　　可是你想結束這段關係，不見得是你不愛男友，更多的可能是因為你害怕自己失去他、害怕自己被拋棄、害怕自己被取代，因此你會希望至少結局是能夠被自己控制的。

　　為了這個目的，你會開始找他背叛你的證據，你才能證明自己的想法果然是對的，然後告訴自己還好發現得早，趁還來得及收手前就結束吧！可是實際上，男友根本沒有對不起你，因此你在無法找到任何證據的情況下，只能夠用更激烈的手段去找。

　　比方說，原本男友的習慣是，下班忙完後才傳訊息跟你說他到家了，你原本也接受了這樣的模式，但因為找不出其他背叛你的證據，因此你只能夠自己生產證據，你會開始懷疑他回家都在幹嘛？為什麼不是一回到家就馬上跟你報備？從下班回到家一直到跟你報備前，這段時間他在忙什麼？在跟其他女

生聊天嗎？他家裡有其他人在嗎？他跟我說他到家了是真的
到家嗎？我現在打視訊電話過去的話，他敢接起來嗎？

　　你會開始鑽牛角尖，到最後甚至連他在想什麼都會懷疑。
即使他就在你身邊，你還是會懷疑他腦子裡想的是其他女孩
子。這些都是因為你不相信自己，只要你能夠學會接納自己、
感受自己的價值，就不會再去懷疑，他人對你的付出是不是真
心的了。

三、貢獻他人

　　你把太多的心思都放在自己身上，在意他人如何看你、
擔心男友會不會背叛你，這些都是因為你太在乎自己的感受，
試著去做點可以幫助別人的事情。

　　這裡的幫助並非指當義工或是捐款，除非你真心覺得做這
些事情會幫助到別人，不然如果你有「就算捐了款最後錢的流
向也不知去哪」這樣的心態，就沒辦法感受到所謂的貢獻感。

　　試著想想你有什麼能力，可以如何運用你的能力幫助到他
人。舉例來說，我會寫作，我用文字療癒人，雖然是不是真的

有人被療癒，這些在我寫的時候並不會知道，但我認為我的文章可以療癒到他人，光只是這樣想，我就能夠獲得貢獻感。

有些人從攝影中獲得了貢獻感，他們善於捕捉他人燦爛的笑容，或是充滿意境的風景；有些人在聊天裡獲得貢獻感，他們擅長炒熱現場氣氛，或是發起會被熱烈討論的話題。

有些人在獨處的時候獲得貢獻感，他們一個人用餐、一個人看電影、一個人在咖啡廳閱讀，而現場可能剛好有人才去參加完朋友的婚禮，覺得自己單身三十年好像滿失敗的，但是透過這個獨處的人讓他們感受到，在這個環境當中，他並不是一個人。

貢獻他人並非是要做什麼很了不起的事情，好比說，我的小兒子剛出生時一度病危，但後來他被醫師救回來了。於是不管他再怎麼調皮搗蛋讓我頭痛，若是讓我選擇的話，我仍舊希望他可以健健康康的活下來，即便他經常闖禍也沒關係。

若是我的小兒子能夠明白貢獻感的道理，那麼他就會知道，即使他什麼事情都不做，光就好好的活著，這點就足以讓他感受到貢獻感。因為這個世界上，有個人希望他平安健康、好好活著。

　　貢獻感是很主觀的，你是否真的有幫助到他人並不重要，而是你在做這些事情的時候，是否能夠有貢獻他人的感受。

　　獲得貢獻感的目的，是為了感受到自己的價值。唯有當自己有能力貢獻他人的時候，才能夠透過自己就能感受到價值，也就是**接納自我**。當你認為自己是有價值的時候，就不會再討厭自己了。

　　雖然目前看來，你們之間的關係沒辦法立即有所改變，但是你可以去嘗試看看可以為他做些什麼。不是以控制他為目的的協助，而是出自於希望他能夠過得更好，哪怕只是簡單的一句問候。

　　這樣對你們而言可能是最理想的方式，他能夠感受到你的改變，你也能夠不再花時間在懷疑他以及厭惡自己。或許透過這樣的方式相處一段時間後，彼此就能夠更加清楚雙方的下一步該怎麼走。

伴侶很沒安全感,該如何幫他建立安全感?

讀者來信:

花花您好,我的工作時間很長,且因為工作性質的關係,經常會需要跟不同的女性客戶接觸。女友本身很缺乏安全感,有時候我只是跟客戶多講兩句工作無關的事情,她就會開始懷疑我偷吃。

或是我們逛街走在路上時,只是多看了其他女生兩眼,也會讓她不開心,女友會覺得我在嫌棄她,因為她的身材不夠好,所以我才要看別人。

請問我是不是哪裡做得不夠好,才讓女友這麼不安?或是可以給我一些建議,讓我知道該怎麼做嗎?

花花回覆：

　　像您這樣的經驗，我可以說是相當豐富，不過在角色的設定中，我是扮演沒安全感的另一半，就如同您的女友一樣。

　　我在上一段感情中，經常對伴侶疑神疑鬼，我也對自己很沒有自信，經常覺得伴侶都只會注意那些身材比我好、長得比我漂亮的女生，像我這樣又胖又不美，而且還離婚有兩個孩子的女生，到底有哪一點值得讓他喜歡？

「會不會他是在騎驢找馬？」
「等到有合適的對象出現了，會不會就一腳把我踢開？」

　　像這樣自我否定的念頭，無時無刻存在於我的腦海中，特別是當男友對我示好，或是他說他愛我的時候，我都會下意識懷疑他的心意。

　　我自己的經驗是，不論您做得再怎麼周到，只要對方的目的是要「找出你背叛她的證據」，您的任何一點動作都能夠被過度解讀，即使您刪掉所有好友、不工作、不出門，把自己跟

她關在房間裡哪裡都不去，她都還是可以懷疑您出軌。

「你是不是在腦海中意淫別的女生？」
「你現在是不是在想別的女人？」
「其實你根本就不想陪我吧？」

真的不是您做得不夠好，而是她決定不要相信您。

會有這樣的心態，是因為缺乏了對自我認同的能力，無法信任自己，當然也就無法信任他人。

這個問題得靠當事人自己走出來，旁人能夠提供的協助只有陪伴。如果當事人沒有意識到這個問題，甚至不想改變這樣的自己，那麼身邊的人做再多都是徒勞的。

我自己就是過來人。

從對自己的極度自卑到接受自己，就是一剎那而已，但我為了這一剎那，花了快三十年的時間去學習。有些人若沒有找到一個合適的方法，甚至這一輩子都無法改變，終生都在追求

他人的認同，他們一輩子都無法透過自己感受到價值。

我會建議您可以在陪伴她的時候，用言語也好、行為也罷，您要不斷讓她知道，不論她是什麼樣子您都會愛她、陪伴她，您喜歡的不是她長得有多漂亮、身材多好或是多有才華，因為是她，所以她的一切您都喜歡。

您喜歡的是完整的她，不是只有其中某些部分而已。

另外，在日常生活中多給予她感謝，由衷感謝她所做的一切。不論她做的事情再怎麼微小，都要不吝嗇給予感謝，這樣她才能夠明白，即使她沒有做什麼了不起的大事，對您依然有貢獻。她不用在您的面前刻意表現得很完美，才能讓您喜歡她，她只要做自己，您就會一直愛著她。

讓她不斷從生活中的小事獲得貢獻感，當人可以感受到貢獻感時，就能夠慢慢建立起對自己的認同，進而習得接納與信任自己。有了信任自己的能力後，也就有能力去信任他人，自然就不會再對您疑神疑鬼了。

臺灣人的家庭教育比較保守，在情感上的表達比較含蓄，臺灣人視之為「美德」，但是這樣的美德卻讓許多孩子在成年

後，終其一生都沒辦法認同自己，他們無法理解什麼叫做「我光是活著，就已經對這個世界有貢獻了」。

大部分的人習慣用「看得見的事物」來評價一個人的價值，例如孩子成績好、有禮貌、多才多藝……等等，而成年之後則是看職業的位階、年薪多少、外貌如何、男的夠不夠高、女的夠不夠瘦。

會這樣針對「有形的」事物做評價，是因為從小我們就接受了來自父母或其他長輩，甚至於整個共同體、整個環境灌輸給我們的觀念，如果沒有些顯眼的作為，就不會有人看見我們的價值。

基於「美德」，我們不會將那些你愛我、我愛你的肉麻話掛嘴邊，也不會沒事就對孩子或他人說「我覺得你這樣就好」，或者是為了小事情感謝他人，而且是實際指出他人的行為幫助了你什麼。

「我對他人有貢獻」與「我被他人所認同」，這兩者的差異非常大，如果孩子長大後的價值觀是「我被他人所認同」，那就會像疑神疑鬼的另一半、有嚴重控制欲或被控制欲的家人朋友，他們必須透過做出某些行為，或是改變自己的外表以得

到他人的認同。

然而全世界幾十億的人口，就會有幾十億種不同的想法與喜好，這些人無法同時得到所有人的認同，只要有任何一個人表示討厭他，他就會認定自己是沒有價值的。

成年之後，靠自己轉念是最快的方式，只要自己願意，這一刻起就能夠從「我被他人所認同」變成「我對他人有貢獻」。

至於要如何對他人有貢獻也很簡單，去感謝你周遭發生的每一件小事，用感謝去幫助他人建立對他自己的認同，當他人從原本自卑開始變得自信，你就能夠從中獲得貢獻感。

看著一個原本畏畏縮縮的人變得活潑開朗，你會為自己能夠幫助到他而感受自我的價值。甚至可能只是因為對方聽到了你由衷的感謝而露出微笑，這個微笑也能夠成為獲得貢獻感的來源，「我讓她心情變好了」。

很重要的一點，感謝並不只是一句「謝謝」而已。舉個例子，我們辛苦工作一整天回到家，這時孩子倒了杯水給我們解渴，我們對孩子說：「謝謝你倒水給我。」結果孩子就開始一直倒水給你，你看電視時他倒水、你講電話時他倒水、你在書

房趕工作時他又倒水，可能還一不小心灑出來弄到你的電腦。這種情況下，你還能夠對孩子說謝謝你倒水給我嗎？

因為你向孩子說：「謝謝你倒水給我。」孩子會以為倒水給你會讓你感到開心，為了讓你開心，他就會一直重複倒水的行為。可是實際上，真正讓你感到開心的不是「倒水」這個動作，而是被雪中送炭的感激，因此，在這樣的情況下，應該對孩子說：「謝謝你在我剛下班很累而且口很渴時倒水給我喝，我喝完後覺得舒服很多，而且感覺也沒有那麼累了。」

這樣孩子才能明白，你有需要而他也有幫助到你，他對你是有貢獻的。如此，孩子才能夠在成長的過程中，慢慢建立自我認同的能力。

為了對方付出那麼多卻沒有回報怎麼辦？

「我對你那麼好，你為什麼要這樣對我？」

在個體心理學的課題分離當中，你要對人家好，是你自己想做的事情，但他人並沒有義務要對你做出同等回應。這樣講感覺好像很冷血，那是因為一般人會自然而然的將這樣的事情，套用在自己與另一半身上。

假如今天的狀況是這樣子，有一個喜歡你但是你對人家完全無感、甚至是有點反感的對象，這個人一天到晚對你噓寒問暖，天氣冷了就提醒你要多加件外套，天氣熱了就叮嚀你要多喝水，時時刻刻都對你釋放出「我真的好喜歡好喜歡你」這樣的訊息。

你會不會因為對方對你實在太好了，於是決定喜歡他，並且對他很好，從此照三餐提醒對方，記得要吃飯、記得要喝水、天氣冷要加衣服、熱了記得要脫掉，不斷向對方表示：「我真的好喜歡好喜歡你。」

可能有些人會說那不一樣，對方跟自己什麼都不是，本來就沒有必要去理會對方。

課題分離就是不論對方是誰、身分為何，你都沒有義務要因為他人對自己很好，所以自己也要對他人很好。你要如何對待他人，跟他人要如何對待你，都是單方面自己的決定，旁人無法干涉。

假如你今天為他人付出的目的，是為了得到他人也同等的對待你，這樣的行為若從個體心理學來解釋，其實是在試圖控制他人。你為他人的付出，並非是因為你想為對方做這些事，而是你想透過為對方做這些事，得到你所期望的回報。例如期待他人會因為你的付出而感動，或者感謝你、更愛你等等。

然而這個世界上除了自己之外，沒有任何一個人是能夠被他人給控制的。因此，當對方並不如你所期望的那樣去對待你時，你就會開始覺得不滿、覺得委屈、覺得他人辜負了你。

並沒有任何一個人去脅迫你，必須對另一個人好，而是你自己決定要這麼做的，不是嗎？

俗話說「歡喜做、甘願受」，當你抱著得到回報的心態在

為他人付出時，基本上都已經註定要失望了。

這表示要大家以後都不要對別人付出，等別人來對自己付出就好了嗎？

話倒也不是這樣說，可以試著去想想，當你在為他人付出時，目的是為了討對方的歡心，還是單純只是希望能夠幫助到他？

舉個例子好了，一對在熱戀期中的情侶，女友下廚給男友吃，男友則是在女友下廚完畢後清洗碗盤，但彼此的心態都是為了討對方歡心。當熱戀期過去後，雙方就認為沒必要繼續做這些事情，男友不再幫忙洗碗，女友也開始覺得下廚很煩、男友很懶，這時候雙方就會開始出現摩擦。

「我煮飯給你吃，我還要幫你洗碗？」
「又沒人叫你一定要煮飯，不想煮可以不要煮啊！」
「我煮飯給你吃，你幫忙洗個碗很難嗎？」
「我就很累啊！你不想洗就不要煮，吃外面嘛！」

　　男友覺得女友難溝通，女友覺得男友很自私，雙方都認為自己的付出應該得到回報。感情就是在這樣的小事中一點一點被磨光的，因為沒有一方認為自己應該無條件付出。

　　這樣的價值觀是受到了我們的文化與教育方式的影響，即是個體心理學中提到的「賞罰教育」。

　　從小我們就學會了「表現好就有獎勵」這條社會的潛規則，因此我們逐漸習慣認為，自己的付出本來就應該要有所回報。我們的目的已經不再是「我只是想要好好表現」，而是「為了得到獎勵，所以我要好好表現」。

　　人是非常敏感的生物，當你感受到對方對你的好，其實是建立在附加條件上面的時候，你會下意識對這樣的行為產生排斥感。

　　即便你沒有意識到自己正在排斥，也會反應在你的行為上面。例如下意識想要疏遠這個人，在沒辦法疏遠的情況下，則是會變成無視這個人對你示好的行為，或是將對方的付出，賦予令你討厭的理由。同樣的，他人若感受到你的示好是有條件的，也會出現排斥的反應。

　　你的目的可以是為他人付出，但不該是為了獲得回報，當目的是為了後面的回報時，付出就變成了手段。就好比與銀行之間的借貸關係，銀行借錢給你不是目的，真正的目的是要賺取利息，借錢只是手段。

　　健康的心態應該是單純的想為對方付出，至於對方領不領情，或是要如何對待自己，並不在付出的考量當中。從課題分離來看，要不要去對他人好，這是自己的課題，可以自己做決定。但是對方要如何回應你的付出，那就是他人的課題，即使對方沒有任何的表示，也與你無關。

　　我跟男友香吉士平常的相處就是如此，我們彼此的生活與工作都十分忙碌，但是我們在能力可及的範圍內，都會盡可能的去為對方分擔一些壓力，我們的目的並非要對方感激自己或者更愛自己，單純只是捨不得對方太累，想為對方做點什麼罷了。

　　有時候我也會在付出的過程中發現，其實自己也沒有幫上什麼忙，甚至有過幾次幫倒忙的經驗，但是只要在付出的過程中，我能夠感受到自己正在為他分憂解勞，這樣的貢獻感就已經足夠了。

　　至於幫倒忙的狀況該如何調適心情呢？我並不需要為此感到心灰意冷，從此再也不為香吉士做任何一件事，我還是可以繼續為他付出，並且不要再做同樣的事情就好。任何一件事情，要成為造成陰影的心理創傷，或是變成更強的經驗，都只在一念之間。

伴侶總是不懂自己為何不開心

文章開始前先來講個小故事。

故事主人翁是一對雙薪夫妻，丈夫下班後就躺在沙發上滑手機，累了一天的妻子也在同樣時間下班回家，接著立刻開始洗便當盒、洗衣服，忙到整個人汗流浹背。此時客廳不時傳來丈夫的咯咯笑聲，大概又在看什麼低能影片了。

妻子開始覺得煩躁，心裡想著家裡還有一堆事情沒做，丈夫不來幫忙也就算了，還在客廳看那些浪費人生的影片。自己又不是欠他的，做這些事情也沒薪水拿，到底憑什麼這些事情全都要自己來做。於是妻子洗碗的力道越來越大，玻璃便當盒的碰撞聲也越來越大聲，此時從客廳傳來丈夫的聲音。

「老婆你在幹嘛？」
「看不出來我正在洗碗嗎？」

「要幫忙嗎？」
「不用，這些事情我來做就好。」

　　然後，丈夫就真的繼續看影片咯咯笑，還不時傳來笑得太開心的拍大腿聲。妻子把最後一個便當盒沖洗乾淨，幾乎是用摔的丟回碗槽，然後臭著一張臉去洗澡，直到兩人睡覺前都沒講過話。

「老婆，你今天怎麼都不講話？」
「有嗎？沒有啊！」
「你在不高興嗎？」
「沒有！我要睡了，晚安！」

　　然後妻子翻身背對著丈夫，生了一整晚的悶氣，旁邊則是傳來規律的呼吸聲，表示丈夫已沉睡，這讓失眠的妻子更加火大，直到起床後妻子問丈夫。

「你對我都沒什麼話要講嗎？」

「呃……什麼？」

「我昨天都已經那麼不爽了，你竟然還能睡得那麼熟！」

「你昨天在不高興嗎？」

「我都表現那麼明顯了，你眼睛是瞎了嗎？」

這個故事是還在躁鬱症期間，我與前男友每一天的相處模式。

人與人之間的相處經常會發生一個問題，我們很容易用自己主觀的感受去猜測他人的想法，而當對方的行為跟我們所預測的不同時，就會認為他這麼做是不對的。

例如我下班回家後，會希望趕快把家裡該做的事情做完，這樣一來洗完澡後就可以好好休息。雖然家事很多，但有男友幫忙，很快就能做完了。但是對方的想法裡則是，上了一整天的班好累，下班回家想讓大腦休息，先看些搞笑的影片放鬆一下，晚點再去做該做的事。

在他還沒做之前，所有的事情就被急性子的我給做完了，於是我就認定這個人既懶惰且沒同理心，我同樣也是教了一整

天的課，你有看過我喊一聲累嗎？我白天煮飯給你吃，現在下班還要幫你洗餐具，你怎麼好意思躺在那邊休息？

當我內心越是這麼想，臉色就越來越難看，我心想，只要他看到我在擺臭臉，應該就知道我在生氣了吧？

但事實上，在這個世界上本來就找不到第二個像自己一樣了解自己的人，即使是養大自己的父母、認識很多年的死黨，或是已經相處大半輩子的老夫老妻，最多也只能知道你討厭吃哪一道菜、喜歡唱哪一首歌、欣賞哪一位電影明星等等。

生活上所發生的事情，或是內心的想法與感受，都只有當事人自己知道而已。

他不可能知道你今天出門上班搭捷運時，被一個香水噴很重的大媽搶著擠進已經客滿的捷運車廂最後一個位置，你眼睜睜看著車門關上、捷運駛走。上班遲到已經很嘔了，還被碰巧心情不好的主管找麻煩，聽著主管找碴似的各種刁難問題，讓你的工作進度完全停擺。好不容易熬了一整天總算下班，到了捷運站才發現手機遺留在公司，走回公司拿卻發現大門都已經上鎖。

你的一切不順雖然全都寫在臉上，但是看到的人只會知道你在不高興，如果你不把這些細節講出來，永遠不會有人知道你為什麼要擺臭臉，久了還會被認為難相處、脾氣差。

當我們開始用自己主觀的認知去猜測別人時，就會習慣拿自己的標準去要求別人。但我們終究不是他人，他人的想法如何，不可能都如同我們所猜測的一樣。

華人被教育「含蓄」是美，但許多誤會就是因為太過含蓄才產生的。話不好好講清楚，一天到晚拐彎抹角用暗示的，以為全天下人都是你肚子裡的蛔蟲嗎？就算真的是蛔蟲，最多也只會知道你今晚吃了什麼不健康的垃圾食物，不會知道你在想什麼。

想了解他人，最快的方式就是直接用問的，不過對方要不要告訴你，則是他人的課題，你可以問，但對方也有拒絕回答的權利。同樣的，如果想讓家人、伴侶或其他任何一個人懂你，就要自己主動去告訴他們你的想法，因為這是你的課題。

我們在童年時期經歷了因為無法表達自己的感受，只能夠過哭泣來表示自己的不舒服，然而卻被父母斥責：「再哭就不要你了！」或其他被否定情緒的類似狀況。在我們的成長環境

中，多半不允許我們自由表達自己的感受。

　　長輩的教訓是為自己好，所以面對長輩的斥責，要心存感激不能難過；微笑才會討人喜歡，所以遇到任何事都不能苦著臉，福神不愛擺臭臉的人；情緒化是討人厭的行為，所以生氣的時候要忍耐，忍耐是種美德……

　　這些都讓我們對情緒產生錯誤的認知，以為人必須隱藏自己的感受，或是必須表現出大家能接受的感受，於是不敢告訴他人自己真正的想法，怕被認為自己軟弱、無能，怕被嫌棄或被討厭，接著再來怪這個世界沒有一個人懂你。

　　人與人之間要了解彼此，就不能用猜的，那只會使人失去耐性，並且讓彼此的誤解越來越深。不是沒有人懂你，而是你沒有給世界一個懂你的機會。

　　研究個體心理學之後，我開始學著有什麼不滿都直接講出來，人與人之間本來就是合則來、不合則去，我並沒有任何義務或是責任，要去忍受他人對我的不尊重。如果我的直言讓對方感到不舒服，請他自己想辦法去克服，他人的情緒不是我該負責的。

這樣直來直往的性格可能會被別人討厭，不過我用過來人的經驗來看，試圖討好所有人會非常的辛苦，有一天這樣的行為也一定會被揭穿，眾人會發現你對待他人有一套公式在，哪些人得阿諛奉承、哪些人可以軟土深掘，從此你會被貼上「虛偽」的標籤，反而不會有人真心對待你。

一天到晚講著言不由衷的話，總是欺騙自己這就是社會、這就是現實、這就是為了生存必須做的犧牲。

不是！你只是沒有勇氣做你自己。

我不會花時間去討好討厭我的人，也不會期待他們某天突然喜歡我，他人要怎麼看我，那不是我該去煩惱的問題。

自從我開始這樣做之後，人生輕鬆非常多。

現在起，學著主動關懷身邊的人是否有任何需要，並且做自己情緒的主人。當他人的言行舉止造成你的不舒服時，別再為了氣氛的和諧而緘默，勇敢告訴別人自己的感受。

你不保護自己，誰來保護你？

第五章

親子教養的課題

在所有人際關係的煩惱當中，最難處理也最不能不處理的，就是親子間的教養問題了。

前文有說過，孩子的人生型態約莫在五歲左右就已經成形，而在現代個體心理學當中則是改為在八歲左右。但不論五歲也好，八歲也罷，孩子在成長的期間就有如一塊海綿，他所吸收到的一切，將會對他日後的價值觀造成極大的影響。

孩子不似情侶或朋友，合不來就是分道揚鑣；也不像自己的父母至少有照顧自己的能力，就算處不來，減少見面、減少摩擦也是一種選擇。

孩子沒有獨立生存的能力，若孩子沒有父母或其他親人的照顧，幾乎是不可能健康的活下來。不論是在道德或是法律的約束下，父母都有責任要照顧好自己的子女。

在現今的社會下，生活壓力越來越大，大多數為雙薪家庭，孩子讓祖父母或是保母照顧已是常態。在個體心理學當中認為，主要照顧孩子的人，就算不是父母也沒關係，只要能夠提供給孩子一個安心穩定且正向的成長環境，隔代教養或是托育都是沒問題的。

　　相較於資源不足的過去，現在的孩子很幸運，出生在幾乎什麼都不缺的時代，但也因為什麼都不缺了，育兒的方式也越來越科技化。過去是父母陪著孩子讀著故事書，一個字一個字帶著孩子讀；現在只需要點讀筆輕鬆一點，就會有錄製好的聲音自動讀出書中的內容。

　　隨著手機、平板與其他 3C 產品的普及，那些傳統的童書已經吸引不了孩子，螢幕中鮮豔的色彩、誇張的肢體動作與各式各樣的聲光刺激，成功的讓孩子安靜下來，並且無法移開目光。

　　這看似減輕了父母許多的負擔，但科技終究取代不了人性，而孩子就如同一張白紙，他的人性也是在成長的過程中，在與其他人的互動中慢慢發展出來的，缺乏了人性的成長環境，孩子要如何健全發展成有自立能力的個體？

　　這些仰賴 3C 保母長大的孩子，在尚未入學的階段，多半還不會看到太大的問題，一旦進入了小學後，就會開始有老師向家長反應，貴子弟經校方評估疑似為過動症孩童，建議家長帶至醫院做進一步鑑定，配合服藥控制與資源班的協助。

　　或是進入了國、高中，原本乖巧懂事的孩子突然性格驟

變，時常與父母起衝突，或是故意與父母唱反調。小時候那個只是有點調皮、但還是可愛得叫人不能不疼的娃娃，如今只剩下調皮而且可惡。

父母經常會有一個錯誤的認知，就是認為自己是最了解孩子的人，畢竟孩子是自己一手帶大的，怎麼可能不知道他在想什麼？

那麼，當孩子在叛逆的時候，父母知道他們在想什麼嗎？

許多長輩總會以過來人的經驗分享，青春期的孩子叛逆是正常的，等過了之後就會變回原本的乖孩子了。說得好像孩子到了青春期這個階段時，靈魂會突然被換掉似的，也難怪我在叛逆的那個時期，父母動輒就要帶我去宮廟收驚。

那些「神明代言人」總是對我父母說，我的三魂七魄少了其中幾個，所以現在才會對人愛理不理的。接著拿出撈水餃的漏勺，開始將空氣往我後腦勺蓋，一邊做出將某種看不見的東西塞進我後腦勺的動作，一邊唸著：「黃瑜萍的魂魄返來喔！」並且要我的父母親也跟著複誦一遍：「返來喔！」

真是荒謬。

　　在這一個章節當中，全都是筆者本人的經驗談，我曾經是個極其叛逆的孩子，如今也是獨力照顧兩個孩子的單親媽媽。我的長子現在國中二年級，正是對環境的任何變化都極為敏感的青春期；我的小兒子現在國小三年級，有嚴重的情緒障礙與注意力不足過動症。

　　兩個兒子都是被桃園療養院鑑定為注意力不足過動症的孩子，但相較於社會化比較完整的長子，小兒子因為在三到八歲的這段期間，缺乏了各項文化刺激，因此造成學習遲緩。

　　直到我重新取得他們兩個人的監護權，並且接回身邊自己照顧時，已經國小二年級的小兒子，一個注音符號都看不懂，連自己的名字也寫不出來，詞彙量更是停留在只會講髒話，無法說出一句完整的句子。

　　也因為無法靠言語表達自己的情緒，每當小兒子感覺憤怒時，就會出現動物原始的本能，靠攻擊的方式來解決一切問題。他就像是頭受了重傷的野獸，對周遭環境充滿了不信任感，並且時時刻刻都處在恐懼當中，只要有人對他釋出善意，他就會驚恐的做出劇烈反應。

　　最初的半年，我們家幾乎二十四小時都會出現小兒子的尖

叫聲與破壞家具的聲音。也有過數不清多少次，小兒子在情緒失控破壞完家具後離家，中壢分局的警察也來過我家好幾次。

很感激社會局的協助，在社工的幫忙下，順利的讓他提前到桃園療養院做鑑定，並且開始服藥控制他的情緒問題。利他能與其他藥物的作用下，他對於控制情緒有大幅的改善。

但是自我認同與自卑情結以及學習遲緩，這些問題都是沒辦法靠吃藥解決的。這一年多來，筆者靠著個體心理學的教養方式，一步一步重新幫他建立自我認同，過程雖然很辛苦，但也確實有慢慢看見變化。

這個章節分享的經驗不多，未來若有機會的話，我希望能夠撰寫一本更加完整的單親媽媽育兒心路歷程，包括我是如何在各項條件都不如前夫家庭的情況下，順利將孩子們的監護權取回的。

那麼，我們就進入這個關於親子教養的主題吧！

不斷尋求讚美的孩子怎麼辦？

　　小兒子（下稱尚宇）在剛被我接回身邊時，是個對自己極度沒有自信的孩子，透過個體心理學慢慢幫他重新建立自我認同時，他最常提出的問句就是：「媽媽，你覺得我真的做得很棒嗎？」

　　個體心理學主張的教養方式為不責罵也不稱讚，別去迎合尋求稱讚的孩子，讚美會使孩子更加容易自卑，得依賴他人認同，才能夠感受到自己的價值。正確建立孩子的自我認同，需要用「鼓勵」取代讚美。

　　與前夫離婚五年，直到 2020 年 2 月我才拿回了兩個兒子的監護權，並把國一的長子（下稱尚謙）與小學二年級的尚宇接回身邊照顧。弟弟尚宇剛被我接回來中壢時，因為有嚴重的學習障礙，他的在校成績永遠都是最後一名，不論是學業表現或是在秩序上都一樣。

　　為了重新建立尚宇面對挫折的勇氣，我積極尋找他所擅長

的事情，最後在美術班中發現了他的天賦。最初，他只要下了課就會一直不斷詢問我，他的作品做得如何，但又因為害怕聽到負面的評價，總會在我回答之前就先補一句：「我想大概很爛吧！」

這樣的行為在個體心理學當中，是孩子脫序的表現，而孩子的脫序行為分為五個階段：

一、尋求稱讚；
二、引起注意；
三、進入權力鬥爭；
四、復仇；
五、證明自己的無能。

一般來說，大部分的親子問題都在權力鬥爭的階段而已，少部分會進入第四個階段。進入第四個階段的孩子，多半已經不會再信任父母了，需要靠不相干的第三方介入（社工、諮商師、輔導師等等），才有機會改善。

但若是到了這樣的程度仍沒有人去導正孩子，使脫序程度惡化到第五個階段時，就會變成我們平常社會新聞上看到的那

些案例，不論是虐童、性侵、隨機殺人等犯罪行為，若是我們去深入了解這些罪犯的成長環境，或許不難理解為什麼他們會做出這種事情來。

尚宇急於想從我口中得到讚美，就是脫序階段中的第一個：尋求稱讚。

個體心理學是極力反對稱讚孩子的，讚美會讓孩子建立錯誤的連結，讓孩子養成為了得到讚美（或獎勵）才肯去做某些事情，甚至連孩子自己該負的責任，也可能變成做完有好處才願意去完成。

稱讚孩子除了會建立錯誤的連結之外，同時也是把自己放在比孩子還要高等的位置，也就是「縱向關係」。稱讚這樣的行為是建立在上對下才會發生的，是有能力者給無能力者的評價。（《不教養的勇氣》，岸見一郎）

試想，若是長輩幫你完成了某件事，那原本是你自己該做的事情，你會這樣對長輩說話嗎？

「好厲害喔！你會幫我洗衣服耶！你真的超棒的！！（大力鼓掌）」

在個體心理學的橫向關係當中有說明，孩子除了年紀比較小、人生歷練沒有大人來得豐富之外，在「生命」這一層意義上，大人與孩子並無不同，都是平等的。孩子獨立完成的某件事，對大人而言可能輕而易舉，但不能夠因此就認為自己高孩子一等。

而習慣尋求稱讚的孩子在成年後，也會容易變成需要他人認同才能夠感受到自己的價值，不敢表示甚至不敢有自己的想法。簡單一點來形容的話，就是耳根子軟、毫無主見的人。

當然，在面對孩子尋求稱讚時，也不是要去無視或者否定他的這個行為，因為冷漠帶來的危害並不比稱讚來得小。在個體心理學當中的教導，我們可以藉機去引導孩子明白，「努力付出的過程」遠比「超出或不如預期的結果」來得更加重要且有意義。

因此每當尚宇在詢問我他的美術作品做得如何時，我從來不會對他說「很漂亮」、「非常好」這樣空泛的評價，我會透過引導的方式讓他練習表達，在這項作品上他做了哪些努力。

「這隻貓頭鷹做得好逼真，羽毛都是你自己一片一片貼上去的嗎？你是如何做出這個翅膀的？」

「貓頭鷹的身體看起來皺皺的是為什麼啊？原來是因為那個部位的羽毛比較蓬鬆柔軟，所以是用別種方式做出來的啊！」

「它的眼睛跟其他地方感覺不一樣，不像是黏土做的，原來那不是黏土啊！」

「你做的是貓頭鷹寶寶，所以才沒有幫牠做眼袋嗎？你在細節上觀察得相當入微呢！」

透過詢問的方式來回應他尋求讚美的行為，除了能夠讓尚宇練習表達能力之外，同時也是在讓他明白，比起只是問我漂不漂亮，跟我分享這個作品付出了哪些努力、在過程中遇到了什麼樣的困難，又是如何想出方法去克服後完成了這項作品，是不是讓你覺得更有成就感，也對美術又更加喜愛呢？

重點並不在我認為這個作品做得如何，而是在創作的過程中是否覺得開心，完成作品後有沒有學到什麼？像是發現了混色的技巧，下次可以做出更漂亮的漸層感；像是發現了羽毛重疊的技巧，下次可以將翅膀做得更加逼真；像是發現了平面與立體的差異，下一次可以做出立起來的貓頭鷹……等等。

　　尋求稱讚是每個人都一定有經歷過的階段，已經是成年人的我們，可以透過自覺去慢慢改變這樣的習慣，但如果不巧一生當中都沒有機會透過某些狀況讓我們開始反思，尋求稱讚為自己帶來的負面影響時，很可能一輩子就只能活在他人的認同底下。

　　許多人都是到了瀕死的那一刻，才開始後悔自己沒有去多做一點真正想做的事。我很幸運能夠在二十八歲就接觸到個體心理學，我能夠讓兒子們更早就明白這些道理，他們將來就不需要承受那麼多不屬於他們該去承受的折磨。

　　除了改變我自己、影響我的兒子們，我也希望透過我的文字，能夠幫助到正在閱讀本書的各位。

青春期的孩子很叛逆怎麼辦？（家庭的煩惱）

　　我在尚無緣出版、但有發布在社團裡的自傳中有提到，青春期的我是非常叛逆的，國中剛畢業才十五歲的我，認識了一群會吸毒的「問題少年」，我還跟他們混了一段時間。

　　究竟為什麼這些孩子會走上吸毒這條路？

　　我跟這些所謂的「問題少年」，總有一種無法解釋的緣分，年輕時期我跟他們實際相處過，而在我二十八歲那年搬到中壢時，隔壁鄰居竟然也是問題少年，而且還是一大群。

　　那是間只有十坪左右的套房，平常固定會看到的成員大概有三、四位，我從他們臉上的痘痘與稚氣未脫的臉判斷，約莫都還是高中生，年紀不會超過二十歲。我經常看見一樓電梯門口站著陌生的孩子，手上還提著枕頭、棉被。

　　當時我的工作還是健身教練，每天都要搭乘客運往返中壢和臺北，回到家時多半都已是午夜時段，這些孩子幾乎是跟我

差不多時間回到家的，有時候我們會一前一後搭乘電梯，有時候則是剛好搭乘同一班電梯。

我才知道原來那些帶著枕頭的孩子，是要住進鄰居的少年們家裡的，有時候隔天就會離開，有時候會住上幾天。他們渙散的神情與電梯內的煙霧，那味道我再熟悉不過了，這些孩子手指夾著的，不是普通的市售紙菸，而是 K 菸。

那一年的農曆春節，為了節省開支，我早已提前在春節前就回高雄與父母圍爐，整個年假我都是一個人在中壢的住處打電動，整個樓層只剩下我和他們那一戶沒有回家過年。從除夕到年假結束，進入他們家的人數只有持續增加，合理的猜測是他們根本就沒有回家過年。

對於還在成長的孩子而言，家與學校是兩個最重要的「共同體」，然而當孩子在家裡與學校都找不到屬於自己的「容身之處」時，為了得到關注以及歸屬感，就會開始做出脫序行為，試圖引起家人或是學校的關注。

人都是害怕孤獨的，孤獨不分年齡層，孩子脫序的行為，可以說是對愛的渴求，甚至是對人性的呼救。

　　當他們脫序的表現依然沒辦法獲得歸屬感時，就會放棄家裡與學校，轉而向其他共同體中尋覓歸屬感。共同體可能是班上的同學、社團的成員、線上遊戲認識的朋友，只要除了自己之外還有至少另一人，就能夠成為共同體。

　　「青春期的孩子眼中只有朋友最重要，根本不理會家人，等過了叛逆期之後，自然就會回到家人身邊。」

　　其實並非是青春期的孩子眼中沒有父母家人，而是在敏感的青春期階段，比起自己的父母或是學校師長，朋友更加能夠陪伴自己、聽自己訴苦、彼此分享喜悅，並且沒有利害關係。

　　孩子在他們的朋友圈中，能夠感受到彼此對等的尊重，但在父母、師長身上感受到的，卻只有低人一等的屈辱感。

「看到我就只會叫我讀書。」
「考得好也不會鼓勵我，稍微考差一點就被罵到豬狗不如。」
「什麼做黑手沒出息，一直叫我讀醫學院，但是我就想當技師啊！」

在孩子眼中這樣的父母，就是完全不會尊重自己，只會否定自己，並且用「我是為你好」來逼自己服從的威權長輩。

父母往往會用自身的經驗保護孩子，不希望孩子犯跟自己同樣的錯，希望孩子能夠平安順遂。然而這樣的愛，除了扼殺了孩子學會「自立」的機會，也會漸漸將親子關係推向冰點。

孩子年幼時的聽話與懂事，可能並非出自於孩子的自由意志，而是畏懼父母與師長的威權才服從的。但這樣的乖巧只是在恐懼之下裝出來的，當有一天孩子們明白，這樣的恐懼根本威脅不了他們時，他們就會為了守護自己的自主權，而開始向父母抗爭。

此時的抗爭對孩子而言已經無關對錯，很多時候孩子自己也很清楚，父母說的才是對的，但他們還是會拒絕服從，因為服從對他們而言，就等於敗給了父母。

所以說這些孩子不知道吸毒不好嗎？難道他們不知道拉K的下場就是終生包尿布嗎？我不認為他們不知道，我更相信這些孩子是藉由用這樣的方式來報復父母、師長或是其他照顧者。透過吸毒或者其他犯罪行為，向這些大人表示：我會變成這樣全都是你們害的！

孩子過了叛逆期後就一定會變乖嗎？

大家都希望能看到這樣的結局，多數也都看得到孩子的叛逆有了改善，這是因為這個階段的孩子已經結束學校生活，正式進入沒有父母、長輩庇護的社會。

經歷了職場上的各種利害關係後他們才會明白，原來只有父母、照顧者才會一直等著他們回家，讓他們的心靈得以休息。

可是這樣的結局，並非每一個家庭都有機會看到，不是每一個孩子都能夠明白，家是自己永遠的依靠。

有些不幸的孩子，出生在父母極其不負責任的家庭，有些孩子所經歷過的創傷全部都是父母所造成，有些孩子的父母即使愛孩子，但他們口是心非的惡毒言語，也早以讓孩子不敢再對父母抱有期待。

坦白說，若沒有接觸到阿德勒心理學，我恐怕也沒辦法明白我的父母有多麼愛我，我也感受不到當他們知道我在北部打拚受委屈時有多心疼。因為我就是在家暴與言語攻擊下長大的孩子，我父母對我的愛帶給我很大的傷害。

　　父母自己必須先對孩子做好課題分離，同時透過橫向關係的相處，讓孩子明白家人是「夥伴」而非「敵人」，親子之間只有建立起夥伴關係，才能夠彼此信任，同時，孩子才能夠在家中感受到所謂「歸屬感」。

　　與孩子建立夥伴關係，首先就是要先懂得尊重孩子。

　　所謂尊重，指的是接受對方原本的模樣，即便原本的模樣你不認同或者不喜歡，你也不能夠加以批評或否定。

　　舉例來說，當孩子的成績跟不上進度時，做父母的難免會擔心，但若是此時跟孩子說：「我幫你找了家教，他是臺大的高材生，一定會幫助你成績進步的。」

　　對孩子而言，這句話代表著的其實是：

「你覺得我考得很差。」
「我考得很差，所以我很爛。」

「請臺大高材生來教我，是不是希望我也能上臺大？」
「如果我還是沒進步的話，是不是對不起你？」

父母或許沒有這樣想，但是對孩子而言，像這樣直接干涉他的課題，就是極為不尊重的行為，畢竟讀書、成績這些事情是孩子自己的責任。當屬於你自己的事情被干涉之外，還要被強迫接受，這樣的人換做自己，有辦法將他視為夥伴嗎？

那麼，父母在面臨孩子成績跟不上這樣的狀況時該怎麼處理，我給大家的建議是：

第一、釐清這是誰的課題，如果不是自己的，就不要擅自決定怎麼做。

第二、換個立場思考，如果你是孩子本人，發現自己的成績跟不上大家時會怎麼想？

第三、詢問孩子是否需要任何協助或是建議，但是不要強迫他們回答。

學校通常都會要求學生將成績單帶回家給父母簽名，我個人是對這樣的作法滿嗤之以鼻的，因為我國小就曾經因為害怕

被父親處罰而偽造成績單，成績單上的評分為優良，就表示我很優秀嗎？我偽造文書耶！

但這不是本文的重點，當孩子基於做學生的規定，盡責的將成績單交給父母過目與簽名時，這就是個非常好詢問孩子的時機。

「歷史怎麼沒及格？」跟「這次的歷史考試好像很難，是不是有漏掉的部分沒複習到，剛好被考出來了？」

這兩個問句都只是想了解孩子的問題，但是對孩子而言，第一種問句反而會讓孩子往「我就不會啊！」、「為什麼要及格？」這樣的想法去思考。

第二種問句則是先接受孩子的成績，然後給一個委婉的問句，讓孩子去思考自己的問題。

孩子不見得是因為複習不夠才考比較低的分數，也有可能是根本沒在準備考試這件事。他們可能覺得有比考試更重要的事情要做，也有可能打從一開始就要拿個很爛的成績回家。

希望每位照顧者都能夠明白，孩子的「脫序行為」都是他們求救的訊號，如果忽略了這個訊號，他們就會變本加厲，

甚至慢慢惡化成精神官能症。

　　若是孩子能夠明白，「我不需要表現特別好」、「我不需要表現特別差」、「我可以很普通」，他們就能夠得到「歸屬感」，因為他們知道自己的「存在」，是不需要靠任何條件就能夠被接受的。

　　回到正題，孩子為什麼會叛逆，為什麼明知不可為而為之，正是因為他們無法達到父母、照顧者或是學校期待「優秀」的模樣，只好反其道而行表現出「糟糕」的模樣，不論是最好還是最差都是一樣的，都是「最」特別的。

　　人天生就有「追求卓越」的本能，所以在那麼多的動物當中，唯有人類能夠進化到現在這樣，利用科技來完成生活中大部分的事情，因此在沒有被特別教育過的情況下，孩子自然而然就會想成為最特別的那一個。

　　這就是為什麼要讓孩子明白，你只要當「普通」的自己就好了，不用那麼極端。當孩子明白「普通」的自己在家裡是被接受的，自然不需要表現出脫序的樣子來引起照顧者的注意。

　　而學校的問題也同樣需要老師的協助，若是老師一直不斷

灌輸學生「考得差就是垃圾」、「上課講話就是垃圾」、「翹課就是垃圾」等否定孩子的觀念，孩子只會變本加厲的壞到底給他們看。

其實我個人對學校老師的信心不是那麼高，若要老師去接受一個老是喜歡在課堂上影響上課的孩子，恐怕不那麼容易。畢竟現在的課綱被塞了一大堆內容，還有大把進度要趕，哪來時間去關心孩子心裡有什麼傷，反正先想辦法讓他們閉嘴，下課再去找他談心就好。

但是對孩子而言，你已經在課堂上否定他的存在了，所以下課後的關心，孩子們的解讀是「你只是想兩面討好」、「你真虛偽」。

不過畢竟我不是學校的老師，老師有很多的難處，特別是學校或是教育部對老師施加的壓力，因此我雖認為這樣的方式不妥，但也不會批評或是否定老師的做法。

在個體心理學中最重要的一點，就是不要去看那些無法改變的狀況。老師因為背負學校的壓力，不得不對脫序學生做出懲處，但學生畢竟會回家的，若是親子間能夠建立起良好的夥伴關係，照顧者這時候就能夠提供給孩子一個得以歇息的安身

之處。

　　在孩子青春期的階段，家庭與校園兩者當中，至少要有一處是能夠讓他們感覺到安心，並且不用偽裝自己。只要家庭或學校當中，有一處能夠使孩子獲得歸屬感，那麼即便青春期的孩子比較有自己的想法，也不容易出現為了與父母作對而故意使壞的行為了。

為何不該拿孩子與手足或他人比較？

　　個體心理學主張，教養孩子不應該有責罵與處罰，打罵教育會帶給孩子負面的影響，這點我想大家都知道，不過有些人可能不知道更深入的嚴重性，而我自己也是在學習個體心理學一段時間後，才了解到自己年幼時的脫序行為背後的目的是什麼。

　　小時候我們家的經濟狀況並沒有很好，父母為了籌錢讓哥哥去補習，十分省吃儉用。他們一輩子都在貧窮中求生存，一直以來都把家裡的貧窮歸咎於學歷低、找不到好工作。

　　因此父母對我和哥哥的期望，就是能夠好好讀書念個大學，將來能有一份坐辦公室吹冷氣的輕鬆工作，不用像他們一樣，一個整天都在扛木頭、一個當電子作業員站整天，一週只休一天假，還要去鳳梨園照顧鳳梨。如此辛苦、如此拚命，卻還是掙不了多少錢，而且要被人看不起。

　　我的老家一樓客廳有一面牆，上面掛滿了哥哥大大小小的

獎狀。年長我七歲的哥哥,從小成績就很優秀,不過我不認為他是真的喜歡讀書,有很大的可能性是被父母給逼出來的。

我的父親與祖父經常會指著牆上的獎狀,驕傲的跟我說,那全部都是哥哥小學期間拿到的獎狀,等我進入小學之後,要拿幾張給他們看?從我記憶以來,哥哥就是我的競爭對手,為了「爭寵」的對手。

小學的時候開始,每天晚上七點一到,母親就會把電視關掉,叫我去寫評量,我總是攤開然後放空,或者開始在評量上面畫圖。母親看到後就會跟我說:「不會寫就去叫哥哥教你。」

「哥哥教、哥哥教,完美的哥哥,沒有缺點的哥哥。」

沒有人聽得見我內心的嘟囔,也沒有人會知道,我有多麼討厭他們總是要我不會就去問哥哥,好似我是個什麼都比不上哥哥的廢物,得靠哥哥才有辦法做好一件事情。

小學一、二年級的課業,還能夠隨便應付一下就考 98、100 分,到了三、四年級開始就沒那麼輕鬆了。父親平常不太跟我講話,講最多的大概就是:「這次考試考幾分?有沒有拿95 分以上?」

在當時，只要考 95 分以下，就是少一分打一下。

剛開始我還會畏懼父親的皮帶，真的會硬著頭皮去逼自己讀書，但我越是想努力讀書，就越看不懂書上寫的內容。老師在臺上講解時我也經常聽不懂，然而每當我舉起手來，坦白的對老師說我聽不懂，希望能夠得到老師重新講解一次的機會。

「我剛剛講的你都沒在聽嗎？」
「你上學只有帶便當盒來，沒有帶耳朵來嗎？」
「要不要打電話叫媽媽幫你把耳朵送來？」

班上同學刺耳的笑聲至今猶存在我耳邊，從那一次起，我就再也不敢對老師提出任何問題了。

上課聽不懂，回家自然不可能突然就理解了，就這樣日復一日，過著根本看不懂書上的內容、卻還要假裝自己很認真的每一天。

我覺得自己是世界上最沒用的人，所有的光環都在哥哥身上，根本沒有人會注意到我。唯一受到關注的時刻，就是領

著成績單去見父親的時候，我會先被他用皮帶抽手心跟屁股，然後再被罰去神明廳跪在神主牌前，直到他叫我起來。

我的成績沒有因為父母與老師的高壓教育而進步，反而還越來越糟。

我上國中時哥哥結婚了，父母工作之餘，還要幫忙照顧哥哥的女兒，雖然他們還是會要我好好讀書，但是已經不會再因為考試成績不理想而打我了，最多就是叨唸個幾句。沒有人逼迫我讀書後，我反而在升上國三時，數學突飛猛進的進步。

過去兩年來，所有的科目成績相加還不見得能超過六十分的我，首次靠著自己的努力，在數學這一科拿到了八十幾分。當我興高采烈的帶著成績單回家拿給父母看時，結果母親只是淡淡的說了句：「嗯，很棒！」父親則是冷笑：「才八十幾分也高興成這樣？」

從那一次起，我就徹底放棄讀書這件事了，我開始翹課、逃學甚至逃家。國中畢業後，我只讀了兩個星期的綜合高中就休學，之後還大剌剌的在我父母面前抽菸、喝酒，只要他們一罵我，我就頂嘴回去。

曾經有一次吵到父親拿出柴刀來在我面前揮舞著，說要替天行道，現在就要砍死我這個不肖女，他還轉頭罵母親：「當初就叫你不要多事抱她回來，養出一個不肖女！」

「責罵其實並不像父母以為的那麼有效，大多時候，舊事只會一再重演。假如責罵有效，孩子應該只要被罵過一次，就不會再犯了。」《不教養的勇氣：阿德勒教你，接受孩子最真實的樣子，協助孩子自力解決人生課題》，岸見一郎，臺北市，遠見天下文化出版，2016 年。

回顧我幼年時期所發生過的悲劇，我一直以來都不是真的要使壞，而是希望父母能夠注意到我、聽我講話，我想告訴他們我被欺負了，我想向他們求救。

然而我在表現良好的情況下，完全得不到任何關注，因為我做的事情哥哥都會做，而且做得比我更好，我永遠都比不上他。既然如此，我只能在使壞這件事情贏過他了，若要比壞的話，我的程度可是哥哥望塵莫及的。

雖然會被責罵，但是至少父母注意到我了，被討厭也沒關

係，我心裡只想著：「爸爸媽媽，能不能請你們不要無視我？」

　　我的脫序行為背後，藏著的是對父母的求救信號，不過他們並沒有發現，而這也是讓我脫序行為一直持續不中斷的主要原因。

　　父母在教養孩子的時候，要時時刻刻注意自己的言行舉止，避免讓孩子感受到自己被拿來與手足或他人比較，因為一旦產生了競爭意識，孩子不是想辦法讓自己比對方更強，就是想辦法比對方更能夠吸引人注意。

　　而吸引人注意的方式，你們懂的，通常不會是父母想看見的行為。

發現孩子偷竊怎麼辦？

　　這件事情發生在兩個兒子還沒被我接回身邊照顧的時候，當時的尚謙小學六年級，尚宇也才剛進入小學。

　　由於尚謙報考了高雄某所私立中學的入學考試，我特地從臺北南下陪他應考，我與前夫以及尚宇找了家早午餐店用餐，並且等候正在考試的尚謙結束。當時的我吃完早餐後拿出筆電開始工作，才剛打沒幾個字，就聽見了前夫質問的聲音。

「這是什麼東西？」
「哪裡來的？」
「是不是偷來的？」
「給我說實話喔！」
「不要不講話，說話！」
「我不會生氣，說實話！」

　　我能夠感受到前夫很努力在壓抑他憤怒的情緒，但他緊皺的眉頭與看似噴火的目光，已經讓尚宇嚇到根本說不出話來，甚至講出「老師發給我們的」這種荒唐到不行的理由。

　　我請前夫先繼續吃他的早餐，他現在的情緒不太適合與孩子討論這件事情。

　　「你現在願意跟我說話嗎？」我問。

　　「……」尚宇沉默搖頭，低頭吃著他的早餐。

　　「那你先吃早餐，我繼續工作，等你願意跟我討論時，我們再聊聊好嗎？」我問。

　　「……」尚宇依然沉默，但有微微頷了首。

　　於是我真的就繼續埋首於工作，不再理會尚宇，他也默默吃著早餐。但是應該是太緊張了，尚宇不慎打翻了他的奶茶，灑得滿桌滿地。前夫見狀馬上拿起杯子想幫他善後，我立刻出手制止前夫的幫忙。

　　尚宇在打翻奶茶的第一時間已經抽了紙巾，可以見得他知道這是他自己要處理的狀況，我只要靜靜的看著就好。除非孩

子開口尋求協助，否則即便是父母，也不應該擅自介入孩子的課題。

尚宇抽了兩張紙巾擦拭著，但因為灑出來的奶茶太多，紙巾一下就吸飽，完全沒有任何擦乾的作用。

「拿抹布會不會比較好一點？」我低頭輕聲問他。

「……」尚宇沉默但點了頭。

「那你去櫃檯問店員姐姐，能不能借你抹布。」

「……」尚宇帶著遲疑，但還是緩步走向櫃檯。

他順利拿到抹布，也確實將桌面擦拭乾淨，並且主動歸還抹布給店家。

「地上還有很多奶茶，如果不馬上弄乾淨的話會黏黏的，抹布可能不太適合拿來擦地板，你有其他的想法嗎？」我低頭問他。

「用拖把……」尚宇小聲回答。

「那你再去問問店員姐姐，能不能借你拖把。」我堅定的

看著他。

「你去問……」尚宇低頭，顯然剛剛去借抹布，已經費盡他畢生的勇氣了。

「我可以幫你，但是你得學著面對自己的問題，我知道你不是故意打翻飲料，你沒有做錯任何事。不過既然打翻了，我們就一起想辦法解決，把對他人的困擾降到最低這樣就好。」

語畢，我又強調了一次：「你沒有做錯任何事。」

於是尚宇離開座位，用比剛才更緩慢與沉重的腳步，用更小的音量詢問店家是否能借拖把。店家了解狀況後，拿拖把來幫尚宇把地板拖乾淨。尚宇站在旁邊一直低著頭，就像每一個做錯事情被抓到的孩子，就像過去犯錯被抓到的我。

店家拖完後離開，我告訴尚宇：「這是你不小心造成的狀況，本來應該是由你自己善後，但是店員姐姐幫你把它弄乾淨了，她其實可以不用幫你做這些事情的，你要謝謝姐姐的幫忙。」

「謝謝姐姐……」尚宇走到店員身邊，用只有她聽得見的音量道了謝。

「當你在感謝別人給你的幫助時，不用感到害羞或是不好意思，因為別人的幫助減輕了你的麻煩，如果你真誠的、好好的感謝人家，對方也會覺得很開心。」我看著他。

「……」尚宇露出靦腆的微笑點了點頭。

「那你現在願意跟我討論這張卡片的事情了嗎？」我輕聲問道。

「那不是老師發的……」尚宇又低下頭，小聲説著。

那是一張從超商取得的遊戲儲值卡，應該是送尚謙考試之前，我們在超商買水的時候發生的事。

我看著卡片，推測著尚宇行為可能的目的。這卡片的遊戲是尚謙有在玩的，他非常沉迷這款遊戲，我也不曾阻止或是禁止他玩，只有提醒他除了遊戲外，其他該做的事情也要記得做，自己要把一天的時間分配好。

「你想把這個送給哥哥嗎？」我問。

「……」尚宇沉默點頭。

「謝謝你想讓哥哥開心，所以拿走了這個，但是這是超商

販賣的商品，拿走需要付錢，如果沒有付錢就拿走的話，是偷竊的行為。」我說著。

「偷竊在我們國家的法律下是不被允許的，我們生活在這裡，有些制度我們就是得遵守，懂嗎？」我問道。

「……」兒子依舊沉默點頭。

「法律要遵守，但其實更重要的是，我希望你能夠理解，偷竊這個行為會帶來的後續影響。」

接著我就跟他仔細說明老闆賺錢的模式。

老闆必須先拿自己的錢買進商品銷售，銷售出去之前，都是沒有賺錢的狀態，必須等商品賣掉後老闆才能賺錢。但這期間若是有人偷走東西，就會變成老闆投資出去的金錢收不回來，還賠了錢。

若是每個人都順手牽羊，老闆賠到血本無歸，連帶影響到的可能還有老闆的家人。老闆家裡可能還有年邁生病的父母，以及嗷嗷待哺的幼童，一家人都是依靠老闆的收入在過日子。

偷兒一個無心的舉動，可能會毀了整個家庭，流落街頭的

老闆與他的家人，可能為了溫飽而去犯罪，例如搶劫錢財去買食物求生存。

這樣的後果或許太浮誇，但誰能夠保證絕對不會有這樣的結果發生呢？正因為每個人都心存僥倖，覺得自己的小惡不會造成太大影響，整個社會才會與惡距離如此接近。

我不確定小學一年級的尚宇聽得懂多少，但是我知道他很認真的在聽著，即使全程一直低著頭。

最後我們一起回到超商，我陪著他等店員忙完離開櫃檯時，帶著他去私下向店員坦承，這也是為了維護孩子的自尊。

矯治犯罪的目的，是要他們知道自己做了不好的事情，並且不會再犯，而非羞辱或是處罰他。用處罰的方式只會讓他學會下次不能被抓到，更激進的還會產生「報復他人」的心態。

我們在回超商坦承的路上時，尚宇不只一次跟我說，不想自己拿這個、不想自己跟店員說、不想自己……

從前夫急著想幫他善後打翻的奶茶就能看出，他們很常會為了避免發生更麻煩的狀況，而擅自幫孩子解決問題。他在前夫家中所接觸到的教育模式，讓他養成了習慣依賴身邊的大

人，出事情就讓大人出面處理，他從未真正自己面對過自己闖下的禍。

每當尚宇說一次不想自己去自首時，我就會停下腳步蹲下來，用跟他一樣的高度看著他，溫和並且堅定的對他說：「這是你引起的問題，你必須自己解決。」

當我們走到了超商門口，只差那臨門一腳就要自首時，我問了尚宇：「去向人坦承自己犯錯很難為情，相信你未來也不希望再發生同樣的狀況。如果不想再這樣，你有兩種選擇，一是不要再沒經過他人同意，或違法的情況下拿走別人的財產；二是下次偷拿時更小心，不要被大人抓到。」

「你覺得應該怎麼做比較好？」我牽著他的手，靜靜的看著他。

「第一種……」尚宇回答。

「那麼，我們一起面對這次的狀況，處理完之後，未來就不會再發生同樣的問題了對嗎？」

「對……」

尚宇總算略抬起頭來回應我的目光。

事件順利落幕後，尚宇終於情緒潰堤掉下眼淚。他是自尊心很強的孩子，很少會在有人的情況下落淚，剛剛的狀況也是眼眶紅了很久，眼淚才掉下來。

我緊緊抱著他，也跟著掉下眼淚，假如在我還小的時候，也有人可以教我面對自己的勇氣該有多好？會不會我人生的前半段就不會那麼痛苦？

雖然我無法回到小時候的自己重新來過，但我現在開始學著勇敢也不遲，且我有能力能夠教育我的孩子學會勇敢，教育他們面對自己以及承擔自己的責任。

父母的責任不是在控制兒女，而是給他們溫柔、堅定、正向的力量，陪他們學會自立，然後當孩子自立時，也要學會放手讓他們去飛。

教育孩子的同時，其實也是在教育父母自己。

單親媽媽教養小孩很辛苦怎麼辦？

在個體心理學當中指出，所有人類的煩惱全都是來自於人際關係。

我們幾乎擺脫不了與他人之間的連結，不論我們再如何邊緣化自己，日常生活中總會有其他人必須共同參與，一般人大多數的煩惱，都是因為沒有做好所謂的「課題分離」。

「課題」指的是每個人得要自己承擔的責任，這邊的責任涵蓋範圍很廣，有形的、無形的、實體的、抽象的、過去的、現在的，所有一切都能夠稱之為「課題」。

我是獨力扶養兩個孩子的單親媽媽，孩子們的生父對於養育孩子的費用不聞不問，使我除了得要教育孩子之外，還要背負沉重的經濟壓力。教養孩子與經濟壓力，以及因為生活困難衍生出來的狀況與情緒等等，這些就是屬於我的課題。

由於與孩子分開整整五年，兒子們剛被我接回來時，身

心狀況都很不理想，最初兩個孩子不論在校園或是家中，都會不斷製造麻煩，造成我的困擾。我也因為經常得跑學校了解情形，無法再繼續做收入穩定的教練工作，轉成工作時間彈性但收入極為不穩的部落客。

若是我辱罵兒子們不知道感恩惜福、不懂我賺錢有多辛苦，將經濟壓力帶來的情緒發洩在他們兩個身上，那就是我沒有做到課題分離。

即便我的負面情緒是來自於養育兒子所帶來的經濟壓力，那也是我得自己去克服的問題。我可以對兒子們說明自己賺錢很辛苦，若是他們願意幫忙的話，只要在家中與學校做好自己該做的事情，讓我沒有後顧之憂去工作就夠了。

我不能認為因為我養他們兩個很辛苦，所以他們兩個必須當個乖小孩，同時也不能期待講完之後，他們就不會再製造任何問題出來。我必須接受即便我好好向他們說明自己的難處，他們也不一定會理解，或是為此做出任何改變。

當一個乖孩子並不是為了滿足任何人，而是孩子發自內心認為這樣的行為是好的，那才是有意義的。

　　每一個人都是獨立的個體，都有著自己的想法與感受，他人無權干涉或試圖改變另一個人。即便是自己的孩子，父母也必須做好課題分離。

　　在兩個孩子們尚未接回身邊之前，我所接觸到的任何一個人，都不需要去負責他們的人生，他人要如何去過他們的人生，或是他們的人生過得順利與否，那些都與我無關。

　　然而在親子的問題上，就不是那麼容易做到課題分離，或者說，在課題分離上應該如何拿捏才恰當？因此，面對孩子們的脫序行為，我不能夠像對待他人一樣視而不見，在法律上或者道德上，我對他們都有應盡的義務，我有責任將他們教育成一個能夠自立的個體。

　　正如同「個體」二字所要表達的，兩個孩子就有兩個完全不同的人生體悟，有著截然不同的生活模式與習慣，我不能夠抱著解數學題目一樣的心態，認為套入公式後就會呈現出一個固定的答案。

　　對孩子而言，過度的課題分離會使他們感到沮喪。如果任何事都放任孩子自由發展，當他們遭遇到挫折時，很可能會開始認為自己是無能的，甚至會對整個世界產生不信任感，認為

身邊的人都是敵人，不會有人在他需要幫忙時，伸出援手來幫助他們。當孩子越來越確信這樣的念頭是正確的，他們就會開始放棄努力，甚至出現反社會的行為。

因此，課題分離絕對不是要父母親完全不要去管孩子的一切行為，而是要了解哪些事情是自己有能力改變的，哪些事情是只有孩子自己才能做出改變的。

如果試圖透過用打罵或者情緒勒索、讚美或利誘等方式來讓孩子服從，就是在試圖控制孩子的行為。在孩子年紀還小的時候，這樣的方式或許能有短期的成效，但卻會在他們的價值觀種下扭曲的種子，當他們長大後，就容易複製這樣的模式去對待身邊的人，例如恐怖情人。

孩子們的脫序行為都是一種渴望被愛的表現，正是因為表現平凡無法引起關注，因此才需要用特別的方式來達成目的。如果父母因為脫序行為而處罰孩子，或是上述任何試圖控制孩子的方式，就正中孩子的下懷，也會讓他們對這樣的方式產生依賴，不斷重複脫序的行為。

面對脫序的孩子，父母能做的就是盡量不去放大孩子造成的「結果」，而是陪他共同去面對因為他脫序所造成的問題。

　　舉個例子，用餐時間父母邊吃飯邊聊著日常瑣事，一旁的孩子不斷將碗中的湯舀出來，經勸導後仍舊故我。父母能做的是以孩子的角度去看待這個行為，而非斥責他：「你看桌子、地板都被你弄髒了！」

　　如果已經是夠大的兒童，可以先嘗試了解孩子這樣做的原因，若孩子無法說出具體的原因，或僅表示「因為很好玩」，那麼多半只是單純為了引起大人的注意。此時可以溫和的向孩子解釋，為什麼不應該這樣做，並且引導他善後自己造成的問題，如擦桌子、地板等等。

　　但不是這樣就結束了，善後完還要再跟孩子說明為什麼他得自己整理，讓孩子了解課題分離的重要性。詢問孩子如果不能把湯舀在桌上的話，當無聊的時候他還可以做些什麼事情，父母可以從孩子的回答中去教導他哪些可行、哪些不恰當。

　　孩子的大腦尚未發育完全，沒辦法像成年人那樣透過自我約束的能力來改變自己，因此脫序的情形可能會一再發生。身為父母的責任就是要不厭其煩、重複溫和且堅定的教養方式，直到孩子領悟什麼叫做「原則」，並且建立成他固定的生活型態。

在接回孩子的這一年當中，個體心理學的教養方式是很折磨人的，尤其我又是在沒有任何後援的情況下，扛起整個家的一切，我的壓力之大，真的很難用言語來說明。但這不能夠成為我控制孩子的理由，即使打罵可以快速達到效果，我也必須要忍住那樣的衝動。

打罵會讓孩子的心理變得多麼扭曲，我自己是再清楚不過的了。

當然，我也並非明白課題分離的重要後，對孩子們就能夠完美做到課題分離。我的情緒本來就比一般身心健全的人波動更大，因為躁鬱症是不會康復的，只能夠找出方式去控制，服藥是一種方式，靠自己的理智也是一種方式。

如今我已經停藥多年，一直以來都是靠著透過個體心理學在控制自己，在尚未接回兒子們之前，我已經能夠做到對任何事都不會有情緒反應，甚至面對酸民對我的人身攻擊，也絲毫不為所動，因為我能夠與他們做好課題分離。

不過面對兒子不像面對陌生人一樣輕鬆，因為我不能不理他們。這一年來，我也有過幾次情緒崩潰的狀況，我有口出惡言辱罵他們兩人，也有出手怒打他們兩人。

　　坦白説，現在回想起來，在我崩潰時對他們所講出的那些話，真的惡毒到即便被他們憎恨一輩子，我也不會感到意外。

　　我沒有辦法改變自己已經口出惡言或是出手的事實，因此懊惱對於修復彼此的傷痕是沒有任何幫助的，我只能夠誠懇的為我失控的行為向他們兩人道歉，並且嘗試讓他們明白，我現在的處境有多麼辛苦。

　　一次又一次，不管同樣的狀況發生了幾次，都要不厭其煩的教育他們，對自己負責的重要性。他們犯了錯就得要承擔責任自己善後，而我的言語傷害了他們，這也是我該負起責任嘗試彌補的。

　　所以不論他們犯了再大的錯，只要在過程中我沒有做好課題分離，對他們辱罵或是體罰，我就應該向他們道歉。不論是誰都沒有義務與責任，要去承擔另一個人對自己身心上的傷害，就算是自己的父母也不例外。

　　只要我的原則夠堅定，並且每一次的狀況都是用同樣的模式處理，他們漸漸就會習得新的生存模式。他們會明白，過去在父親家中為了生存而使用的模式，在母親家中是不適用的。

　　如今，雖然他們多多少少還是會再製造問題，但是相較於剛接回身邊那時，兩兄弟現在已經能夠負起大部分屬於自己的責任了。

　　尚宇幾乎沒有再出現過暴力的行為，當他感覺不舒服的時候，他會先嘗試表達自己的不滿，而非攻擊他人。兩兄弟吵架時，當他意識到是自己犯錯的時候，雖然自尊心強不願意開口向哥哥道歉，但是他會努力想辦法去試圖修補自己所犯的錯。

　　面對我時，因為我自己也很常向他說對不起，因此當他做了會造成我困擾的事情時，他也會比較願意來向我道歉。我們最常對彼此說的就是：「因為我太生氣而罵你（摔壞你的東西），我要為我的行為向你說對不起。」

　　若是問我，個體心理學是教養孩子最好的方式嗎？

　　我會回答你：只要不放棄孩子，無論如何都不要放棄孩子，那就是最好的方式了。

第六章

後記

為了生存，我需要躁鬱症

　　我的躁鬱症在 2017 年達到巔峰，那一年的時間我幾乎什麼事情都沒辦法做，教課的工作經常感覺力不從心，粉絲專頁更是直接放棄經營。一直到我開始學習個體心理學之後，才讓自己慢慢嘗試走出來，並於 2018 年 6 月時，重新開始在粉絲專頁上寫文章。

　　復出後的我，撰寫的主題從健身變成了個體心理學，主要分享我抗鬱的心路歷程，以及研究個體心理學的一些心得整理。當時我有跟讀者們分享過，個體心理學讓我明白，因為我認為躁鬱症對我是好的，因此才會讓自己得了躁鬱症，而且怎麼醫都醫不好。

　　相信很多人都會感到費解，這到底是什麼詭異的邏輯，誰會沒事讓自己生病呢？

　　我都已經乖乖看醫生吃藥了，病就是醫不好，這是我的錯嗎？難道我不想要自己健健康康的，跟其他人一樣過著正常

206 | 第六章 後記

的生活嗎？像這樣一天到晚發脾氣，要嘛情緒低落到想自殺，要嘛是想拿刀去隨機砍人，好讓自己被槍斃，這種心理變態的人格，難道是我想要的嗎？

以目的論來看的話，是我決定讓自己有躁鬱症的沒錯。

而病醫不好以及發脾氣、想傷害自己或是拿刀砍人，這些都只是為了讓我罹患躁鬱症而製造出來的情緒。我需要讓自己處在有躁鬱症的狀態，因此不論我怎麼看病、吃藥都不會有任何的成效，我的目的就是要讓自己保持生病的狀態。

我記得在躁鬱症期間，有一次我跟當時的男友在睡前又吵架了，我們背對著背不發一語，我等著他來向我道歉、哄我、安撫我。結果最後我等到的卻是男友規律的呼吸聲，那說明著身旁的人已經進入沉睡狀態。

我無法入眠，不斷想著他怎麼可以這樣就睡著了？怎麼可以讓我一個人這麼難過？他的行為已經嚴重傷害到我了，難道他都不覺得自己做錯什麼事嗎？怎麼可以如此理所當然的就睡著？怎麼能夠這麼自私！

於是我開始啜泣，甚至故意放大音量，我以為他會轉身擁

我入懷，結果他只是深深吸了一大口氣，接著繼續保持沉默。
我不知道他是否有醒來，但我沒有等到我要的結果，男友繼續
保持睡眠的狀態，而我就是瞪著他的背在內心想著：「我要你
轉過來就看見我現在有多難過！」

男友並沒有要醒來的意思，若他真的已經進入熟睡，我現
在的行為豈不可笑？此刻已經凌晨三點多，時間一分一秒的過
去，我知道隔天一早要起床準備便當，中午開始還要教課一整
天，我不能不睡覺，精神狀況如果不好，會影響教課的品質。

我必須睡覺！

因此我起身從藥袋裡面取出安眠藥，由於安眠藥會造成我
白天時精神不濟，也容易恍神影響工作表現，醫師有交代我安
眠藥可以先暫停，真的睡不著時再吃。

當時已經有好幾個月沒有依靠安眠藥入睡了，一來是自己
不想依賴藥物入眠，二來則是想把這些安眠藥全部保留下來，
等哪一天累積夠多了，就可以一次吞下去。（提醒：過量的安
眠藥不會致死，只會被送去洗胃！）

我剝下好幾顆安眠藥一次吞下去，我希望藥效越快發揮作

用越好，結果我卻睜著眼睛直到太陽升起。男友起床看見我眼睛睜得老大，卻什麼話也沒有對我說，轉身就去忙他的事情。

以目的論來看，當時的我雖然知道該睡覺了，但是我卻想等他向我道歉，想等待一個好的結局。因此我讓自己保持精神良好，為的就是第一時間能夠馬上聽見男友對我說：「對不起，不要生氣好不好？」

雖然知道隔天還有工作，但我認為跟男友此時的競爭更為重要。我真正的目的是要男友看見我的難受，並且感到內疚向我道歉。因此，「不可以睡覺」就是為了達成目的所使用的手段，除非是被打暈或是吸入麻醉藥劑，否則我絕對不會睡著。

為什麼我會需要讓自己有躁鬱症？

分析了自己從小到大所經歷過的事情之後發現，當人們知道我有躁鬱症的時候，總會對我的行為舉止多有體諒。

當我情緒失控時，總是有人不論多晚都會傳訊或來電關心我；當我每每做了什麼重大決定，最後卻因為情緒問題失敗作收時，他們也不會責備我，甚至他們會鼓勵我，生病不是我願意的、這不是我的錯等等。

「由於自卑感會讓人感到壓力很大，所以人們會透過尋求優越感的方式來釋放壓力，補償自己。但這種方式是不能解決問題的，而是走向了生活的無用面，只是把真正需要解決的問題擱置一旁。」《自卑與超越：生命對你意味著什麼》，阿德勒（Alfred Adler），新北市，好人出版，2020 年。

我對自己人生的課題，尤其是特別艱難的課題，我沒有足夠的勇氣去面對它。我害怕若是我認真去面對、去解決，結果最後不如預期甚至失敗了，別人會怎麼嘲笑我或是看輕我？

我沒有面對自己失敗的勇氣，因此我需要讓自己有躁鬱症，因為這樣，大家看待我的標準就會比較低，也會比較能夠容許我犯錯或失敗。我深信自己必須要有躁鬱症，他人才能夠接受不完美的我，於是躁鬱症成了我人生的擋箭牌。

但使用這樣的擋箭牌是要付出代價的。

雖然我的負面情緒與脫序行為，是為了讓自己保持躁鬱症的狀態才被製造出來，但是躁鬱症對身體造成的負面影響，以及對大腦的傷害是無法裝出來的。

在憂鬱期的當下，我會感受到對人生的絕望與強烈的輕生感，那種從骨子裡發出的寒冷與對周遭環境的排斥感，都是深刻且真實的。

而躁症期間若症狀輕微時，可能只是有消費衝動，不斷刷卡購買用不到的奢侈品，或是有大量的話想講出來，會強迫身邊的人聽我說話，或是在他人說話的過程中不斷插嘴。

這世界上有太多虛偽的惡人，他們明明傷害的人更多，但社會卻賦予他們成功人士的光環，那些當眾辱罵自己孩子的父母親、那些以欺負弱小來證明自己能力的國高中生、那些老是倚老賣老的無恥中年人。

當我的症狀嚴重時，我會感覺自己是個正義的俠士，必須殺了這些人，社會才能夠變得更加祥和。假如我沒有把自己關在家裡整天打電動，只要讓我出了門，很可能就會犯下不可挽回的大錯。而這些全都不是刻意裝出來，是我為了達到「讓自己有躁鬱症」這個目的，真真切切產生的情緒。

一直到我透過學習個體心理學，重新學習童年時期沒有習得的自我認同，以及與他人進行課題分離後，我才慢慢能夠接受「橫向關係」這個道理。

於是某天突然就明白了，若我需要幫忙的話，我可以主動尋求他人的協助，我不需要靠躁鬱症才能讓他人知道我需要幫忙。我明白尋求他人的過程可能會遇到挫折，我可能會遭到拒絕甚至嘲笑，但不是全世界都會這樣對我，只要我向他人求助，在這個世界上一定會有人願意伸出援手幫助我。

即使我的選擇不是他人所期待的，即使我的決定會造成他人的失望，即使我不管再怎麼努力也無法達到他人眼中的完美，我知道自己不需要因為害怕失敗而迎合他人。因為不論結果如何，都沒有人能夠代替我承擔人生，縱使我都是按照他人的期待做決定，過程中所經歷的一切酸甜苦辣，也不會有人替我分擔。

既然不管做什麼樣的決定，我的人生都只有我自己可以負責，那麼今後就順從自己的心意吧！別再委屈自己做任何一件事情，別再為過去發生的任何一件事情懊惱，別再為那些已經無法改變的一切，否定自己存在的價值。

我改變不了自己的過去，但我可以選擇自己這一刻所做的決定，我知道自己不需要再依賴精神疾病了。

罹患躁鬱症的這十多年，疾病對我的大腦或是身體其他

器官所造成的傷害，是否還能夠復原我不知道，但我知道自己的內心已經獲得了平靜。我不用再刻意表現出病人的模樣，縱使躁鬱症會伴隨我一生，我也可以和疾病和平共處走完這一輩子。

當你下定決心改變自己的那個當下，你就已經改變了。

思覺失調會遺傳嗎？

「越來越多證據指出，研究人員必須考慮多方面的風險因素，才能更進一步了解這個疾病。遺傳因素可能會讓某些人更容易罹患精神疾病，但在家庭或社交圈的影響下，可能會把這些人推向跨越精神疾病首次發作的門檻。關鍵是釐清遺傳和環境因素如何交互作用，進而引發思覺失調症。」〈科學人知識庫〉2017 年第 184 期 06 月號

開始撰寫本書的前一段時間，筆者收到了一封讀者的來信，內文主要詢問我現在是否還有在服藥，並且想了解思覺失調是否有遺傳的可能，因為讀者與他的家人都有同樣的疾病。

筆者本身並非醫療相關人員，僅以同為患者的角度跟大家分享我的經驗。

就我目前所吸收到的資訊來看，精神疾病有沒有直接遺傳的可能，還不能夠肯定，不過可以知道的是，家族中若有人出現精神疾病，其他家人罹患精神疾病的機率也會比較高，而且越近親罹患的機率就越高。

但是並非有精神疾病的患者，就一定會生下有精神疾病的子女。有個針對精神疾患的兒女所做的研究，當中有一對同卵雙胞胎，其父母皆有精神疾病，但這對雙胞胎當中，最後有發病的只有其中一人，另一人則沒有發病。因此可以證實，精神疾病與家族病史確實有關聯性，但不能夠完全用基因來解釋，即是不能肯定精神疾病與基因有因果關係。

我在十八、九歲時，被診斷出罹患思覺失調與憂鬱症（後來演變成躁鬱症），直到我二十八歲的這十年間，陸陸續續都有為了治療疾病而尋求醫療的協助，從精神科到腦神經內科，皆有我的就診紀錄。

不論是讓哪一位醫師看診，他們給我的說明與解方都大同小異。大概都是血清素濃度太低、多巴胺無法正常分泌，因此我會容易感覺情緒低落，另外因前額葉的功能異常，因此才會出現幻聽、幻覺等思覺失調的症狀。

「醫師，這個藥我得吃多久病才會好？」

「這些藥是用來控制你的症狀的，什麼時候能停藥得看你的反應。但也有很多患者停藥之後症狀又惡化，所以通常都還是建議一直吃下去，避免復發。」

跟許多人一樣，我也曾經以為精神疾病就如同感冒症狀，只要投藥把病毒殺光後就會痊癒，並且產生抗體。然而實際上，精神疾病就像唇皰疹一樣難纏，平常看似沒事，但某天醒來時就發現嘴角又出現潰瘍了。

殺不死你，但是也不會放過你，這是我過去所認知的精神疾病。

若有看過我完整自傳的讀者們都知道，使我對生存感到絕望的，並非我的精神疾病，而是我一整個荒謬的人生。我多次嘗試自殺，並不是想結束疾病帶給我的困擾，而是想停止我這場名為人生的鬧劇。

在多次嘗試自殺最終卻都失敗之下，我才正式接觸了改變我人生型態的「個體心理學」，其中最廣為人知的代表作品，就是暢銷書《被討厭的勇氣》。

　　當然，並不是看完書後我的病就好了這麼戲劇化，看書是一回事，吸收內容並且實踐又是另一回事。實踐個體心理學的過程並不輕鬆，也很難堅持下去，不過這不是本篇的主要內容，未來有機會再跟大家分享吧！

　　針對來信所提出的問題，思覺失調會不會遺傳以及停藥後會不會復發，我以停藥並且實踐三年個體心理學的角度來回答。

　　一、精神疾病是後天造成的。

　　二、停藥後確實還是會復發。

　　由於我本身是生父母不詳，出生後才被領養的小孩，因此我無法得知我的親生父母是否有精神疾病。不過我有生育兩名孩子，在他們身上也確實都有精神疾病的影子，他們兩個分別在十三歲與九歲時，都被確診為程度不一的 ADHD。

　　在長子還很年幼的時候，我就能夠感覺到他是個多愁善感的孩子。我曾經很自責自己將精神疾病遺傳給他，直到我開始研究個體心理學後才明白，長子是被我一手帶大的（直到離婚之前），因此在他身上看見我的影子這很正常。

「錯誤的人生觀和世界觀，在這種家庭中變成模範和榜樣的作用，孩子從小在這種環境下長大，自然而然就把這些卑劣的行徑，比如竊盜，當成一種謀生手段。」《走出孤獨：阿德勒的勇氣指引，教你覺察尋不到的安慰、戒不掉的依賴、停不住的寂寞、擺不脫的焦慮、定不了的未來，活出自我價值》，阿德勒（Alfred Adler），臺北市，高寶國際出版，2020 年。

個體心理學非常重視兒童教育，阿德勒認為個體大約在四、五歲大的時候，他的性格就已經成型，而往後的人生也會遵循他的性格，走出對應的人生型態。

在缺乏適當的環境下長大的孩子，一旦性格往「不安」、「多疑」等方向發展，長大後將會比其他孩子更容易發展出精神疾病。而孩子的主要照顧者，正是影響孩子性格發展的重要關鍵，若照顧者本身很情緒化，孩子就很難發展出正面樂觀的性格。

與其說我把精神疾病的基因遺傳給我的孩子們，更合理的說法是，我把精神病患的生活型態，教給了我的孩子們，使他

們習得這樣的生存模式，並且發展出會被社會認定為「精神疾患」的性格。因此，即便罹患精神疾病，只要能夠提供給孩子穩定、安心且正向的成長環境，患者的孩子也可能終生都不會出現精神疾病。

或許有些人會認為，這是不可能的事情，就是無法控制自己的情緒與行為，才會被診斷為精神病患，既然如此，又怎麼能夠在教養孩子上，做到完全不情緒化呢？當然不可能完全不情緒化，正是因為有不同的情緒變化才能稱為人，否則跟機器又有什麼不同呢？

不論父母有無精神疾病，許多家庭的教養只會停留在情緒失控打罵孩子就結束。孩子犯錯是一回事，但父母打罵孩子也同樣不該發生，在這樣的環境下，孩子只會習得避免在父母面前犯錯，同時也會變得無法認同自己。

在還沒有獨立生存的能力前，孩子必須仰賴照顧者才得以活下去，因此照顧者對自己的評價會變成一種影響一生的自我認同。經常被父母嘲笑、批評、否定或忽略的孩子，長大就容易變成缺乏自信、沒有主見以及疑心病重的大人，嚴重者就會演變成精神疾病，不論家族是否出現過病史，都有可能發生。

在教養孩子上，難免會有沮喪無力、憤怒痛心的情況，與孩子間的爭執也在所難免，但是務必要在每一次的失控後，誠心向孩子為自己的情緒失控道歉，並且跟對方說明自己為什麼會為此抓狂。

向孩子道歉，是課題分離與橫向關係的學習，孩子會明白人都會有犯錯與失控的時候，並且可以從父母的身教當中去學習，當一個人在犯了錯之後該如何面對與修正，以及一個人的價值不是建立在是否完美無缺，或者是否能夠被他人所認同。

親子間能否從每一次的摩擦中獲得讓彼此變得更好的經驗，這才是最重要的。

接下來，說說關於停藥後又復發的問題吧！

精神疾病是後天所造成的，在個體心理學中更是一針見血的指出，精神疾病是一種個體自己所選擇的生存模式，也就是說，我會患病是我自己所選的。這個論調既冷血又荒謬是吧？未來有機會再跟大家分享，我是如何接受這個理論的。

雖然是自己選擇患病，但是患病之後對於生理上造成的傷害也是真實且不可逆的。醫療研究證實，缺乏適當生長環境的

孩子，他們的大腦發展會遠低於同齡的孩子，甚至會出現萎縮的情形。

　　大多數的生物都是在發育得差不多了才會出生，黑猩猩出生後不久就有活動能力，可以靠自己的力量抓住母猩猩，以及尋找奶頭自主進食。而人類大概是所有生物當中最脆弱的物種，出生後不僅沒有任何的生存能力，連大腦都只有成人的三成不到。

　　五歲大的孩子性格已經成型，這個理論並非阿德勒隨口提出來的。剛出生的寶寶大腦雖然小，但是發展卻非常的快速，也因此出生後頭幾年的環境，對大腦發展的影響才會如此大。

> 「藉由有系統的打擊方式，或許我們能夠讓任何一個小孩成長後的行為像個精神分裂症者。」《你的生命意義，由你決定》，阿德勒（Alfred Adler），臺北市，人本自然文化出版，2014 年。

　　缺乏適當環境成長的孩子，他們的大腦無法得以健康的發展，甚至會停止發展，造成一些永久性的傷害，這也是為什麼

精神病患停藥後容易再復發的原因。如果可以選擇，相信大家
都會想要有個健康的腦袋，不過我相信在現今的世界上，不論
哪個國家的人，沒有一個人是「完全健康」的。

　　這些年來研究個體心理學後，對於自己到底有沒有康復的
一天，我已經不會再執著這樣的念頭。正常或健康與否，都是
人自己訂出來的標準，但這個標準的依據又是從何而來呢？

　　與其稱之為「精神疾病」，我偏向於認為這是「個人特
質」。因為認為是疾病就會想要去治療、去消滅，但若是個人
特質的話，那就是自己該怎麼去接受與面對的問題了。

　　停藥後的我，還是經常會出現情緒低落或是躁症期間過度
亢奮的狀況。去年剛接回兒子們後，暴漲的壓力也讓我的幻聽
又多次重新出現。我明白服藥並不是為了治療這個病，而是像
麻醉藥一樣，讓這個症狀暫時變得不活躍，但那不表示疾病已
經不存在了。

　　學習個體心理學後也讓我明白，情緒的變化是我難以靠自
己控制的，因為我的大腦負責控制情緒的部分，早在成長期間
就已經受到不可逆的傷害。但大腦控制行為的部分顯然還算健
康，因為我不會出現身體不聽大腦使喚的情形。

　　我所指的不聽使喚，並不是什麼情緒失控而打人這樣的行為，而是像妥瑞氏症那樣，因為大腦不正常放電而出現無法控制的肢體行為。情緒失控而出現的行為，實際上仍舊還是自己能控制的。

> 「感情和身體表徵告訴我們，心靈如何對一個它詮釋為好或壞的狀況運作和回應。我們以一個人脾氣爆發為例，這個人希望盡快克服他的困難。對他而言，打架、責罵或攻擊另一個人，似乎是最佳方式。」《你的生命意義，由你決定》，阿德勒（Alfred Adler），臺北市，人本自然文化出版，2014 年。

　　透過目的論就會明白，我表現在外顯上的每一個行為，都是為了達到某個真正的目的才產生。當我的目的是不要放任自己受情緒支配行為時，在遇到問題以及解決問題的時候，我就能夠做到情緒歸情緒、行為歸行為。

　　當下的情緒低落是真的，也確實讓我很難受，但那並不會影響我去做該做的事情。如果我因為情緒低落而無法做任何

事，其實是為了不要處理這些事情，所以才會不斷放大自己情緒低落的問題，讓自己相信現在的狀態無法做任何事。

但我們也只是生存在一大群同物種間，在情緒低落的情況下，或許處理事情的效率與品質都會比較差。在不傷害他人也不傷害自己為前提下，讓自己過得好好的這樣就夠了，何必一定要達到完美才能做？

所以，我的精神疾病從來就沒有真的康復過，我只是找到了和平共處的方式罷了。

補充說明：開始鑽研個體心理學時，我還在服藥期間，當時我是在醫師的許可下漸進式停藥，從減藥到完全停藥，也花了大約快半年的時間，正在服藥控制的身心患者切勿擅自停藥！

寫作是為了不要再有下一個精神疾患

2018 年，我開始撰寫個體心理學相關文章的時候，主題都還是圍繞在如何透過個體心理學與精神疾病共存。當時的我才剛開始實踐，其實我自己內心也很害怕，我還沒有辦法做好與一切課題分離。

粉絲專頁的轉型，已經讓我的追蹤人數節節下降，若是讓大家知道過去的我有多麼荒唐，那麼現在這些僅存的讀者群，還會繼續支持我嗎？

我逃避著面對自己過去的人生，只想把眼光完全放在此時此刻的自己，希望藉此獲得貢獻感，在群體中感受到歸屬感。但是無法接納自己的過去，終究與學會接納自己還有一大段距離，也不可能真的對自己現在的人生感到滿意。

但神的安排就是那麼巧妙，我才剛開始寫個體心理學沒多久，一名我追蹤多年的網紅「囧星人」，揭露了她在童年長期遭到性侵的經歷。囧星人是比我還要紅上五倍的網紅，她的人氣之高自然不在話下，然而選擇自揭瘡疤的時候，她卻沒有任

何遲疑。

這邊所指的沒有遲疑，是她沒有用任何隱喻或暗示的方式透露，而是在內文裡明明白白寫出自己曾經遭到侵犯。

那一篇貼文底下的回覆中，當然也有少許檢討囧星人的評論，但絕大多數留言都是鼓勵與安慰，我也是其中一人。我告訴自己，現在就是做好課題分離最好的時機了，透過轉分享囧星人的自白，我輕描淡寫的指出，我也曾經遭受過類似的經歷。

我幾乎是閉著眼睛逼自己按下發佈鍵，在那之前我已經對自己講了不下千百次：「不論發佈後得到什麼樣的批評，都是對方的言論自由，與我無關，與我的價值無關。」

那是我在學習課題分離的重大突破，童年長期遭到性侵，是我整個人生當中最不想讓人知道的三件事之一，其二與三則是曾經外遇，以及在酒吧工作時性濫交的自己，而這兩件事也是在公開被性侵的經歷後好一段時間，我才終於有勇氣寫出來。

在我公開了自己童年時期被親戚長期性侵後，有些不理性

的網民表示，我有空發文討拍，怎麼不去舉發犯人，甚至説我的隱匿會造成更多的受害者出現。

　　我會決定寫自傳，一方面是想透過這個過程，重新認識每一個階段的自己，一方面也是想告訴透過文字傳達給讀者們，這個世界從來就沒有你想像的那麼安全與美好，而譴責被害者永遠比承認自己是間接的加害者要來得容易。

　　我還記得第一次將自己被侵犯的經歷完整的用文字呈現在粉絲專頁上時，是我開始撰寫個體心理學以來最大一波的退讚潮。我將自己的經歷寫出來，除了被大量的讀者隱藏貼文之外，甚至還被檢舉為垃圾訊息。

　　這個世界負能量太多了，大家都想看些美好的事物，例如可愛的貓、俊男美女、天竺鼠車車……，像我這種負面貼文少看為妙。

　　閉上眼睛沒有辦法改變世界的惡，而毀滅世界最容易的方式，就是對一切保持冷漠。

　　當時的留言當中，除了惡意攻擊我的之外，有些鼓勵我舉發的人，是真的心疼我所受到的傷害，因此希望這些加害者能

夠得到制裁。這些真正喜歡我的粉絲們為我抱不平，斥責侵犯我的親戚，他們也同樣呼籲我要公布這個人。

該名親戚與我家關係一直都很密切，而當事人後來的處境也相當淒慘，而且是他自己選擇將自己封閉起來的。我絕對相信他只有對我下手過，而且也在多年後驚覺自己的行為有多麼天理難容，因此才用一個非常極端的方式去贖罪。

或許吧？

我始終還是希望，他並非心存惡意侵犯我。

事情發生至今已經過去二十多年了，講真的，公開是誰並沒有辦法改變已經發生的一切，而且會造成好幾個家庭的傷害，現在追究責任歸屬只是事後諸葛，一點意義都沒有。假如真的想要改變，我想更應該去思考的並不是追究誰的錯、該如何處罰、該罰多重。

因為一個人若存心要犯案的話，刑責多重對他而言根本不重要。該思考的是，如果加重刑責有用的話，為什麼罪犯仍舊一直不斷增加？該思考的不是如何毀掉一個人，而是如何讓他去為自己犯下的錯贖罪。該思考的是，一個人為什麼會成為罪

犯；該思考的是，如何阻止下一個罪犯的產生。

我的生命中出現過許多貴人，在我失控邊緣時給我一線希望，不論這些貴人最後是否成為傷害我的其中一人，但因為我的生命中出現過他們，因此我沒有真的走上犯罪這條路。或者該說，我沒有做出殺人這樣極端的行為。

追究判決的輕重問題對不對，本身就是最大的問題，因為不論是什麼樣的判決，都改變不了悲劇發生的事實。比起怎麼判才是對的，一般民眾如果能夠多去思考如何減少病患的產生，或許更有幫助。

一般民眾改變不了法律條文，但卻可以改變對待自己與對待他人的方式。就現今的社會來看，精神疾病的症狀只會越來越多元，精神疾患也會越來越多，若民眾只執著在修不修法的問題上，可以預期未來的狀況只會越來越糟而已。

從研究個體心理學後，我就找到了讓自己好好活著的理由。

為了不再有下一個我。

我希望透過文字，讓大家了解個體心理學，了解接納自

己、尊重他人的重要。透過文字讓大家知道，這個社會上每一個精神疾患或是邊緣型人格的產生，我們都曾經推了他們一把。我們的冷漠，是加速這個社會病態化的助力。

我希望世界上每一個人都能夠尊重其他人的一切，包括種族、語言、外貌、氣質、疾病、信仰、政治立場、社會地位、性向、興趣等等。每一個人都能夠在這個世界上找到一個安身之地，一個可以放心做自己、不會有人帶著有色眼光看待自己的安身之地。

每一個人都知道並且也能夠做到尊重、包容他人的一切，彼此友愛、互助，一個和平的世界。這是阿德勒理想中的世界，而這些，是保持沉默絕對不會發生的事。

就算這一刻起全世界的人都改變了，精神疾患的產生也不會立即停止，但肯定會逐漸減少，如果能夠一直堅持下去，三、五十年後也許就有機會看見，我們理想中那友善大同的世界。但這是不太可能會發生的理想未來，因為一定會有人，而且是大多數人認為這不可能發生，因此不願意做出任何改變。

一百多年前阿德勒也說過同樣的話，在他有生之年是看不到他理想的世界的，但只要他的理念不被後人忘記，只要一直

都有人延續他的理念，也許未來的某一個時代，理想的世界真的會出現。

　　而我雖然也認為自己有生之年不可能看見那樣的理想世界，但我想延續阿德勒的理念，我願意為此做出改變，所以我才會決定一直寫文章。至少在我還活著的時候，能夠為下一代的孩子們做些什麼。

　　那些透過我認識阿德勒理念的讀者，在我回歸塵土之後，就是這些後人該做的事了。

　　只要理念永遠不被世人所忘記，這樣的理想就有可能會實現。

「總得有人活下去,記得這一切有多得來不易。」
「我不會忘記的,我永遠都不會忘記的。」
電影《返校》。2019 年臺灣上映

參考書目

· 《你的生命意義，由你決定》，阿德勒（Alfred Adler），臺北市，人本自然文化出版，2014 年。

· 《阿德勒心理學講義》，阿德勒（Alfred Adler），臺北市，經濟新潮社出版，2015 年。

· 《阿德勒談人性：瞭解他人就能認識自己》，阿德勒（Alfred Adler），臺北市，遠流出版，2016 年。

· 《認識人性》，阿德勒（Alfred Adler），臺北市，商周出版，2017 年。

· 《阿德勒心理學講義 2：兒童的人格教育》，阿德勒（Alfred Adler），臺北市，經濟新潮社出版，2018 年。

· 《自我啟發之父阿德勒的不完美人生指引：自卑與超越》，阿德勒（Alfred Adler），臺北市，啟思出版，2019 年。

· 《自我啟發之父阿德勒的不完美人生指引：克服與重生》，阿德勒（Alfred Adler），臺北市，啟思出版，2019 年。

- 《個體心理學講座：阿德勒談校園裡的問題兒童》，阿德勒（Alfred Adler），臺北市，商周出版，2020 年。

- 《自卑與超越：生命對你意味著什麼》，阿德勒（Alfred Adler），新北市，好人出版，2020 年。

- 《走出孤獨：阿德勒的勇氣指引，教你覺察尋不到的安慰、戒不掉的依賴、停不住的寂寞、擺不脫的焦慮、定不了的未來，活出自我價值》，阿德勒（Alfred Adler），臺北市，高寶國際出版，2020 年。

- 《從個體到群體：古典阿德勒學派深層心理治療入門》，亨利・史丹（Henry T. Stein, Ph.D.），臺北市，張老師出版，2017 年。

- 《阿德勒個體心理學》，亨氏・安斯巴可（Heinz L. Ansbacher），羅文娜・安斯巴可（Rowena R. Ansbacher）（編），臺北市，張老師出版，2017 年。

- 《心身連結、社會行動與性欲：1898-1909 年期刊文章及器官劣勢研究》，亨利・史丹（Henry T. Stein, Ph.D.）（編），臺北市，張老師出版，2019 年。

· 《自卑與虛構解體的終極目標：研學阿德勒個體心理學，成功迎戰精神官能症》，亨利·史丹（Henry T. Stein, Ph.D.）（編），臺北市，張老師出版，2020 年。

· 《阿德勒演講集：建立自我的生命風格》，亨利·史丹（Henry T. Stein, Ph.D.）（編）臺北市，張老師出版，2020 年。

· 《鼓勵孩子邁向勇氣之路：阿德勒學派案例解析與策略》，曾瑞真，臺北市，張老師出版，2018 年。

· 《社會平等：當代的挑戰》，魯道夫·德瑞克（Rudolf Dreikurs），臺北市，張老師出版，2019 年。

· 《溫和且堅定的正向教養》，簡·尼爾森（Jane Nelsen, Ed.D.）臺北市，遠流出版，2018 年。

· 《溫和且堅定的正向教養 2：愛太多的父母，如何透過瞭解自己而改變孩子，培養孩子的品格與能力》，簡·尼爾森 Jane Nelsen, 雪柔·埃爾溫 Cheryl Erwin，臺北市，遠流出版，2019 年。

· 《溫和且堅定的正向教養 3：從出生開始培養有信心的孩

子，瞭解適齡行為，紮根良好人格基礎》，簡‧尼爾森 Jane Nelsen, 雪柔‧埃爾溫 Cheryl Erwin, 羅莎琳‧安‧杜菲 Roslyn Ann Duffy，臺北市，遠流出版，2020 年。

- 《阿德勒的父母成長課：全心接納，肯定孩子做自己》，Don Dinkmeyer, Gray D. McKay，臺北市，遠流出版，2016 年。

- 《阿德勒的幼兒教養課：培養孩子面對挑戰的勇氣》，Don Dinkmeyer, Gray D. McKay, James S. Dinkmeyer，臺北市，遠流出版，2016 年。

- 《阿德勒的青少年教養課：引導孩子創造自信負責的未來》，Don Dinkmeyer, Gray D. McKay，臺北市，遠流出版，2016 年。

- 《被討厭的勇氣：自我啟發之父「阿德勒」的教導》，岸見一郎、古賀史健，臺北市，究竟出版，2014 年。

- 《其實你不必為了別人改變自己：一定可以實現的阿德勒勇氣心理學》，岸見一郎，新北市，木馬出版，2015 年。

- 《我只是敢和別人不一樣：自我啟發之父阿德勒的勇氣

學》，岸見一郎，臺北市，今周刊出版，2016 年。

- 《面對父母老去的勇氣》，岸見一郎，臺北市，遠見天下文化出版，2016 年。

- 《被討厭的勇氣：二部曲完結篇－人生幸福的行動指南》，岸見一郎、古賀史健，臺北市，究竟出版，2016 年。

- 《不教養的勇氣：阿德勒教你，接受孩子最真實的樣子，協助孩子自力解決人生課題》，岸見一郎，臺北市，遠見天下文化出版，2016 年。

- 《讓孩子成長的阿德勒名言》，岸見一郎，臺北市，究竟出版，2017 年。

- 《改變人生的勇氣》，岸見一郎，臺北市，采實文化出版，2017 年。

- 《阿德勒教你面對人生困境》，岸見一郎，臺北市，遠流出版，2017 年。

- 《重新相處的勇氣》，岸見一郎，新北市，楓書坊文化出版，2017 年。

- 《為愛徬徨的勇氣：阿德勒的幸福方法論》，岸見一郎，臺北市，究竟出版，2018 年。

- 《變老的勇氣》，岸見一郎，臺北市，平安文化出版，2018 年。

- 《即使被討厭，也要自由地活下去：阿德勒的「勇氣」心理學》（二版），岸見一郎，新北市，方舟文化出版，2019 年。

- 《第一本複雜性創傷後壓力症候群自我療癒聖經：在童年創傷中求生到茁壯的恢復指南》，彼得・沃克（Pete Walker）臺北市，柿子文化出版（2020）

為了生存，我需要躁鬱症

宅媽花花的阿德勒個體心理學，重要的不是你擁有什麼，而是你如何運用它

作　　　者／宅媽花花
美 術 編 輯／孤獨船長工作室
責 任 編 輯／許典春
企畫選書人／賈俊國

總　編　輯／賈俊國
副 總 編 輯／蘇士尹
編　　　輯／高懿萩
行 銷 企 畫／張莉榮・蕭羽猜・黃欣

發　行　人／何飛鵬
法 律 顧 問／元禾法律事務所王子文律師
出　　　版／布克文化出版事業部
　　　　　　臺北市中山區民生東路二段 141 號 8 樓
　　　　　　電話：(02)2500-7008　傳真：(02)2502-7676
　　　　　　Email：sbooker.service@cite.com.tw
發　　　行／英屬蓋曼群島商家庭傳媒股份有限公司城邦分公司
　　　　　　臺北市中山區民生東路二段 141 號 2 樓
　　　　　　書蟲客服服務專線：(02)2500-7718；2500-7719
　　　　　　24 小時傳真專線：(02)2500-1990；2500-1991
　　　　　　劃撥帳號：19863813；戶名：書蟲股份有限公司
　　　　　　讀者服務信箱：service@readingclub.com.tw
香港發行所／城邦（香港）出版集團有限公司
　　　　　　香港灣仔駱克道 193 號東超商業中心 1 樓
　　　　　　電話：+852-2508-6231 傳真：+852-2578-9337
　　　　　　Email：hkcite@biznetvigator.com
馬新發行所／城邦（馬新）出版集團 Cité (M) Sdn. Bhd.
　　　　　　41, Jalan Radin Anum, Bandar Baru Sri Petaling,
　　　　　　57000 Kuala Lumpur, Malaysia
　　　　　　電話：+603-9057-8822 傳真：+603-9057-6622
　　　　　　Email：cite@cite.com.my

印　　　刷／韋懋實業有限公司
初　　　版／2022 年 2 月
定　　　價／380 元
I S B N／978-986-0796-56-8
　　　　　　9789860796575(EPUB)

城邦讀書花園　布克文化
www.cite.com.tw　www.sbooker.com.tw